当薪酬不再与绩效挂钩 ②

用"实力主义"把企业做100年

杨春 · 著

電子工業出版社
Publishing House of Electronics Industry
北京 · BEIJING

图书在版编目（CIP）数据

当薪酬不再与绩效挂钩. 2, 用“实力主义”把企业做100年 / 杨春著. -- 北京 : 电子工业出版社, 2025. 7. -- ISBN 978-7-121-50469-3

Ⅰ. F272.5

中国国家版本馆CIP数据核字第2025UK9213号

书　　名：当薪酬不再与绩效挂钩2——用“实力主义”把企业做100年
作　　者：杨　春

责任编辑：李　影　liying@phei.com.cn
印　　刷：三河市鑫金马印装有限公司
装　　订：三河市鑫金马印装有限公司
出版发行：电子工业出版社
　　　　　北京市海淀区万寿路173信箱　邮编：100036
开　　本：720×1000　1/16　印张：14.75　字数：204千字
版　　次：2025年7月第1版
印　　次：2025年7月第1次印刷
定　　价：68.00元

凡所购买电子工业出版社图书有缺损问题，请向购买书店调换。若书店售缺，请与本社发行部联系，联系及邮购电话：（010）88254888，88258888。

质量投诉请发邮件至zlts@phei.com.cn，盗版侵权举报请发邮件至dbqq@phei.com.cn。

本书咨询联系方式：（010）88254210，influence@phei.com.cn，微信号：yingxianglibook。

前言

PREFACE

如果你是第一次看我写的书，是否会觉得这本书的书名有标新立异的嫌疑呢？因为在当下的企业界和培训咨询市场中充斥着各种将薪酬和绩效绑定、用物质利益刺激员工积极性的理论和方法，让你以为这就是经营的本质和正确的方向。但是，在很多企业推行了这些理论和方法之后，却并没有产生多少积极的效果，相反，还带来了很多负面问题。你有没有想过，经营的本质和正确的方向原本不是这样，你有可能正走在一条错误的道路上？

恭喜你看到这本书。这本书会给你提供一个完全不同的视角，让你发现经营的世界里原来还另有一番天地。看完这本书，会给你带来一种颠覆性的体验，甚至会让你感觉到某种程度的震撼，因为这本书所讲的内容可能完全超出了你现有的认知。看完这本书，我相信在你的大脑中会重构出一个新的经营框架。毫不夸张地说，如果你能按照这本书所讲的内容去实践，你的企业至少已经走在了正确的道路上，也许很快就会迎来业绩的腾飞，我对此深信不疑。

本书把企业经营看作一个系统，薪酬和绩效只是切入点。是否将薪酬和绩效挂钩，可能影响到战略、组织、流程、年度计划、目标管理，甚至营销、研发、生产等各个模块的运作，你千万不要认为这只是一个人力资源管理的制度而已，企业经营也存在“蝴蝶效应”。

有没有想过，为什么成功的企业总是少数，绝大多数企业要么发展缓慢，要么业绩萎缩，甚至还有很多企业深陷亏损的泥潭？除了有一定的市场机遇方面的原因，更主要的原因在于大量企业的经营思路和经营方式并不符合客观规律，所以注定很难取得成功。毛泽东在《实践论》中这样讲到：**“人们要想得到工作的胜利即得到预想的结果，一定要使自己的思想合于客观外界的规律性，如果不合，就会在实践中失败。”**经营企业取得成功并不能靠碰运气，而是有着科学的原理原则，而这些原理原则正是本书想要呈现给你的内容。如果你是企业的经营者，如果你在经营中有许多困惑和疑问，那么这本书一定非常适合你，相信你看完本书之后一定会有一种豁然开朗的感觉。

我曾经致力于研究员工激励，但是长期实践的结果让我发现，我们认为重要的那些激励手段，例如考核、薪酬、股权、分配机制等，很难真正调动员工的积极性，或者说存在很大的局限性和副作用。这不由得让我开始怀疑，我所研究的内容是否存在方向上的偏差。于是，我与很多同行进行了深入探讨和交流，也研究了市面上很多关于“员工激励”的理论和方法，希望能够找到问题的根源，但是很遗憾，我没有找到答案。因为市面上的理论大多都很同质化，且存在很多难以逻辑自洽的地方，无法解释和解决企业遇到的问题。

有一天，我突然想到，我们所学的管理知识大多来自西方，且西方社会比我们更早推行市场经济，进入经济成熟期的时间也相对更早，我为什么不研究一下那些举世闻名的管理学大师们，看看他们是怎么看待员工激励这个问题的，从中找到理论的依据？不研究则已，一研究起来，我顿时眼界大开，原来所有的管理学大师们，不论是理论派，还是实践派，竟没有一个人推崇那种所谓的“将薪酬与绩效挂钩”的员工激励方法，不仅如此，他们几乎都明确提出了反对意见，认为那样做是错误的。

首先是科学管理之父泰勒，他在其著作《科学管理原理》中提到：**“我所面临的艰巨任务是，用一种有充分说服力的办法让管理者相信，确实还有一种管理模式不仅比‘积极性加激励’的管理好，而且还要好得**

多。”泰勒所说的另外一种管理模式就是“科学管理”。在我们很多企业的经营过程中，正是因为过度依赖外部的物质激励，想让员工自己努力去达成目标，造成很多企业完全忽视“科学管理”。员工凭借个人的主观经验去工作，绩效结果会存在很大的偶然性，且很难持续改善。很多人热衷于学习华为的员工激励制度，但是却看不到华为在流程管理和Know-how（即诀窍、技术）建立上做出的巨大努力。华为很早就认识到了科学管理的价值，花巨资从国外导入了IPD等核心流程，并不断总结完善，为企业业绩的提升起到了关键性作用。本书中部分章节会详细介绍如何建立企业Know-how的相关内容。

其次，我们再看美国组织行为学大师赫兹伯格，他的最大贡献是提出了“双因素理论”，明确将“薪酬”界定为“保健因素”。所谓“保健因素”，只会起到维持心态的作用，并不会产生激励作用，如果你想用薪酬收入来激励员工提高绩效，很难达成你想要的效果。赫兹伯格在其著作《工作与人性》中讲到：**“传统的物质激励手段（如工资、福利、工作条件）只能消除员工的不满情绪，但无法带来真正的满意感和激励作用。当这些因素达到合理水平时，员工会处于‘没有不满’的中性状态，但不会因此产生更高的工作热情。”**他在另一本著作《再论如何激励员工》中讲到：**“如果管理者试图通过提高工资或改善工作环境来激励员工，结果只会让他们不再抱怨，却不会让他们更热爱工作。真正的激励必须来自工作本身的挑战性、成就感和责任感。”**所以，你想通过物质激励的方式来提高员工绩效和企业业绩的做法，是不可能成功的。

然后，我们再看帮助日本企业快速走上世界之巅的管理学实战派大师戴明博士又是怎么说的。他在其著作《转危为安》中明确指出：**“绩效考核、目标奖励以及排名制度是美国管理中最具破坏性的力量。它们制造恐惧、谎言和短期行为，摧毁团队合作与内在动力。”**戴明认为，绩效问题85%以上由系统本身（如流程设计、资源配置）导致，而非员工个人能力不足。将责任归咎于员工并据此奖惩，不仅不公平，还会加剧系统缺陷。他还说：**“计件工资鼓励制造次品，目标奖励使员工丧失内在动力。企业应关注系统改进，而非通过金钱刺激个体。”**戴明认为要提高绩效，重点不是用金钱来刺激个体，而是要关注系统改进。如何进行系统改进？他提出了大名鼎鼎的PDCA循环。很多企业之所以发展缓慢，业绩停滞不前，很大原因就是这个PDCA循环没有推动起来。企业的竞争力没有增长，业绩怎么可能持续提高呢？本书也将这个内容作为一个重点来讲述。

接下来，我们再看看现代管理学之父彼得·德鲁克是怎么说的。德鲁克在其著作《管理的实践》中讲到：**“金钱奖励无法替代工作本身的意义。如果员工无法从工作中获得满足感，再高的薪酬也无法激励其长期动力。”**德鲁克认为，过度依赖物质激励会导致员工仅关注短期利益，最终会伤害企业和客户的利益。他在另一本著作《管理：任务、责任、实践》中强调：**“自豪感必须源自工作本身，而非外部奖励”**。他的这一说法与赫兹伯格的双因素理论不谋而合。德鲁克认为真正的员工激励应该通过战略管理和目标管理来实现，通过让员工在工作中产生成就感和内驱力来激励员工。这一观念的提出成为OKR这个目标管理工具诞生的理论源头。本书也会对战略管理、目标管理和OKR工具进行比较详细的介绍。

最后，我们再看看日本经营四圣之一的稻盛和夫怎么说。稻盛和夫创办了两家世界500强企业，退休后亲自出山拯救了一家世界500强企业，做到了哲学与实践的知行合一。稻盛和夫在他的著作《阿米巴经营》一书中明确表示，阿米巴组织的经营结果不能与员工收入挂钩，京瓷不实施成果主义的人事制度，书中原文说道：**“人的心理是很不可思议的，一旦业绩提升并拿到高额报酬之后，就会在无意中习以为常。所以当业绩恶化、报酬减少时，‘由于业绩不好，所以减薪理所当然’这么理性思考的人几乎不存在。于是，士气会一蹶不振，对公司的不满也会日益郁积，公司经营也就不可能取得成功。”**稻盛和夫在书中提及了京瓷所采用的“实力主义”薪酬制度，本书中也会有专门的章节进行详细说明。

看到了吧，从泰勒、赫兹伯格、戴明、德鲁克，一直到稻盛和夫，没有任何一个管理学大师认为“将薪酬与绩效挂钩”是正确的做法。“薪酬不与绩效挂钩”并不是什么标新立异的观点，反而，依赖物质利益激励员工的做法才是值得商榷的，找不到真正有说服力的理论依据。之所以这种做法会成为一种比较普遍的现象，完全是因为受我们本能的直觉驱使而已，误认为人在物质利益的驱动下一定会努力达成目标，因此只要“将薪酬与绩效挂钩”就能解决绩效提升的问题。本书会告诉你，这种想法无论在理论上还是在实践中都是不成立的。“正确的思想往往都是反常识的”，这也是为什么成功者总是少数的原因。

如果那么多管理学大师的明确表态都不足以让你信服，那你想想你在员工激励方面所付出的努力是真的取得了巨大的成功，还是存在许多的问题和困惑？我想多半是后者，否则你根本没有机会拿起这本书，甚至会对本书不屑一顾。但是我想说，无论你的企业当前处于何种状态，强烈建议你认真看完这本书，本书所讲的内容极具实践价值，相信看完之后你一定不会后悔。

这本书最主要的目标读者是企业的经营者。当然，HR和其他的企业高管也可以读，且同样会有不小的收获。我前面已经讲过，薪酬和绩效只是本书的一个切入点，本书并不是一本人力资源管理的工具书。所以，阅读这本书不需要任何人力资源管理方面的基础知识，只需要具备一定年限的工作阅历即可。

如果你看过我之前写的两本书《当薪酬不再与绩效挂钩》和《OKR这样做才有效》，你就会知道我的写作风格和表达方式是非常通俗易懂的，而且强调逻辑性。本书也一样会延续之前的风格，全篇内容基本都是大白话，尽可能不提那些晦涩难懂的专业术语，也不涉及那些过于复杂的理论和模型。

但是，我有一个请求。看这本书的时候，希望你一定要带着空杯的心态，跟着这本书的思路去走，否则极有可能吸收不到这本书的精华。这本书的内容固然通俗易懂，但所涉及的思想会极大地挑战你的固有观念。所以，请务必以空杯的心态来看这本书。

2019年的时候，我出版了我的第一本书《当薪酬不再与绩效挂钩》，也就是本书的前作。这本书获得了很多读者的好评，很多经营者读完之后组织中高层集体学习，也有很多企业和机构邀请我去分享。有些读者反馈说：这本书的内容的确非常好，但是看完之后感觉还不够解渴。这件事我一直记在心里，因此才有了《当薪酬不再与绩效挂钩2》，也就是本书的诞生。我想说，看完这本书，相信你一定会有很“解渴”的感觉。另外，本书与前作的内容既互相补充又相互印证，但并不存在逻辑上的先后顺序，阅读本书之前并不需要先阅读前作，两本书之间是独立的。

最后，感谢你能阅读这本书，并欢迎你将读后感与我分享交流。

杨春

2025年3月

目录
CONTENTS

第一章

CHAPTER 1

绩效因果论

开宗明义：你或许正在“南辕北辙”

经营者最关心的就是企业的业绩，但是你知道企业业绩提升的底层逻辑是什么吗？作为一个经营者，你知道应该把自己的精力和企业的资源重点投到什么地方吗？很多企业为什么业绩增长缓慢，为什么发展停滞不前？原因只有一个：经营者找错了努力的方向。很多经营者把大量的时间和精力花在员工激励上，你以为搞好员工激励就能提升企业的业绩吗？我猜你此时内心的想法大概是：虽然不一定能确保提升业绩，但肯定是有帮助的，对吗？只要你了解业绩提升背后的底层逻辑，你就能找到答案，这个答案恐怕会让你大吃一惊。

关于绩效产生的原理，PDCA循环的提出者戴明博士早在20世纪七八十年代就已经通过一个著名的统计学实验进行了研究和证明，这个实验叫做“红珠实验”。戴明在他指导日本企业的后30年里，不断地重复做这个实验，让所有日本企业的经营者都彻底理解绩效成

果到底是怎么产生的。可以说日本企业的成功离不开戴明在思想和观念上的影响。

我在本书的前作《当薪酬不再与绩效挂钩》中对“红珠实验”进行了详细和完整的介绍，此处不再赘述，有兴趣的读者可以自己去看。这里仅对“红珠实验”的结论再次进行重申：**企业是一个为了实现目标而组织起来的系统。系统的输出是由系统本身决定的。员工只是系统的一部分，单纯对员工进行考核与奖惩，或通过物质利益进行激励等都无法改变系统的输出。非但如此，还有可能造成对系统的破坏。想要改善系统的输出，正确的方法是对系统进行优化。**

如果你不了解“红珠实验”，上面这段话你看起来可能会比较吃力。戴明举了一个简单的例子来解释上面这段话：你可以把企业比喻为一台汽车。这台汽车的发动机和传动系统决定了它的速度。如果你想提高这台车的极限速度，只能去改进发动机和传动系统。但是我们绝大多数企业，不是去改进系统，而是去对驾驶员进行物质激励，这样做不仅没有用，还会导致驾驶员产生疯狂的驾驶行为，最终导致汽车的损坏。你想想看，是不是这个道理？

百米跑的“绩效启示”

“红珠实验”毕竟是一个统计学实验，虽然很科学，但是对很多人来说，还是稍显复杂。其实，类似“红珠实验”的例子在生活中比比皆是，只是你没有认真观察和思考。我在我的另一部前作《OKR这样做才有效》中，阐述了一个“百米跑”的例子。这里我带大家重温这个案例，然后再将它进一步延伸。

假设你的100米跑的最好成绩是13秒。现在我邀请你参加一个百米跑的活动。这个活动需要你进行多次百米跑。

□ 假如，你的100米跑的最好成绩是13秒：

第1次	第2次	第3次	第4次
15秒	**？秒**	**？秒**	**？秒**
没有任何激励	跑到13秒，奖励2万元。	跑到11秒，奖励10万元。	跑到10秒，奖励100万元。

第一次百米跑，我希望你以热身为主，结果你跑了15秒。这个结果是否正常呢？答案是非常正常，对吧？热身嘛，不需要太过于全力以赴。

第二次百米跑，我给你设了个KPI，希望你能跑到13秒。如果达成了这个KPI，我就给你奖励2万元。这次你能跑多少秒呢？我想大多数人都会脱口而出，13秒，对吧？没错，为了拿到这2万元的奖励，你一定会全力以赴，跑出自己的最高水平，也就是13秒。这个结果是否正常呢？非常正常。因为依你的实力，本来就能跑13秒。在物质利益的刺激下，拿到这个结果更加不意外。在这里，你是不是感觉到用物质利益来刺激人的积极性，是非常有效的手段？别急，咱们再继续往下看。

第三次百米跑，我把KPI的目标值进行了提升，希望你能跑到11秒。如果达成这个KPI，我就给你奖励10万元。在企业里面，我们也希望每年都能实现更高的目标，所以逐年提升KPI的目标值，是不是非常符合常理？而且，在这里我把奖励的金额提高到5倍。所谓“重赏之下必有勇夫”，你认为这次你能跑多少秒呢？你最好是冷静地思考一下，不要凭着自己的意气随意作答。只要是思维还算冷静的人都会回答13秒。当然，你要是坚持认为，只要努力跑，就能突破13秒的话，你不妨现在就放下本书，找一个朋友现场做个试验，按照这个案例的思路多尝试几次，看看效果如何，我相信现实会告诉你答案。这个答案就是：无论你怎么跑，结果只会跟你的最好成绩差不多，不会有明显的提高。

但是，我也知道肯定有人总是活在自己的主观想象里，对结果抱着不切实际的幻想，依然坚持说能跑到11秒或者12秒之类的。那好，我还有准备。咱们再来跑第四次。

第四次百米跑，我把KPI的目标值再次提升，希望你能跑到10秒。为了鼓励你努力实现这个目标，我把奖励从第三次的10万元提升到100万元，翻了10倍。你认为这次你能跑多少秒呢？如果你敢说能跑进10秒，那我只能说一句：去你的。你要知道全中国乃至全亚洲能跑进10秒的人只有一个，那个人的名字叫做苏炳添。如果光靠KPI和物质激励就能跑进10秒的话，那国家要培养一个苏炳添岂不是易如反掌？

所以，抛弃那些不切实际的幻想吧。无论怎么考核或激励，你最多只能跑到13秒。因为这就是你能力的极限。所以，请记住这样一个重要的结论：**无论采用何种考核或激励手段，员工的绩效产出不可能超过他的能力极限**。这个道理其实如此简单：**一个人不可能做出超出其能力范围之外的事情**。

那这是不是意味着考核或激励手段完全无意义呢？那又不尽然，而且这样说也跟我们实际的体验不符。之所以会有那么多企业对这种管理方式趋之若鹜，说明一定是有原因的。它符合我们绝大多数人在感性上的认知。只不过，我们绝大多数人都缺乏理性的推敲，所以不能更加深入地理解背后的细节。

从第一次百米跑的15秒到第二次百米跑的13秒，这个结果说明考核或激励还是产生了一定的效果。但是为什么第三次和第四次就无效了呢？请你记住下一个重要的结论：**考核或激励手段只能维持绩效，但是不能起到提高绩效的作用**。原因很简单，因为有了考核或者是物质利益的刺激，人就不容易产生懈怠，就会尽可能使出全力，把自己的能力充分发挥到极限。但是如果想提高绩效，除非提高能力极限，否则再怎么考核或激励都是没有用的。所以，请继续记住下面的结论：**想持续提高一个人的绩效，就必须不断地提高他的能力极限**。换言之，在企业内部，如果你想让一名员工实现更高的绩效目标，除非你能提高他的能力极限。其他任何方式都是不行的。

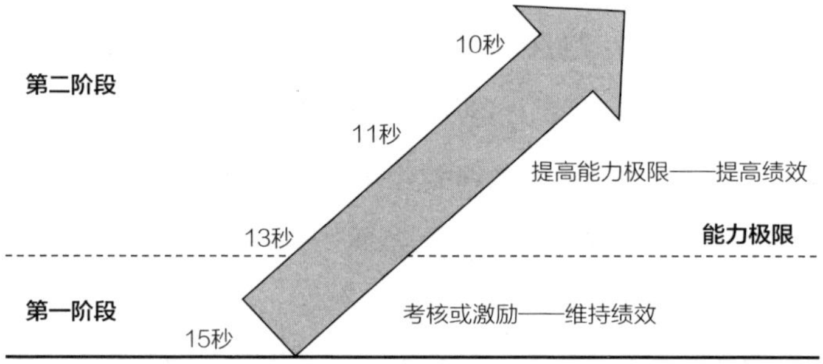

苏炳添一开始也是一直跑不进10秒的，后来更换了美国教练，改变了他的训练理念，特别是在起跑动作上进行了重大调整，从原来习惯的右脚起跑，改为左脚起跑，从而让启动变得更加省力。这样就可以把更多的体力分配到后半程，加快后半程的速度，而后半程恰恰就是苏炳添的弱项。就这样，苏炳添弥补了自己在弱项上的缺陷，提高了自己的能力极限，在东京奥运会上创造了9秒83的个人最好成绩。

所以，请再次记住这样的结论：**想通过考核或激励、用物质利益刺激员工积极性的手段来提高绩效，是不可能成功的，这是源自对绩效产生原理的错误认知**。

这个结论与我们大多数人的感性认知是有很大差异的。绝大多数人可能都会下意识地感到震惊：考核和激励对于提高绩效无用？这怎么可能？但这就是事实，毋庸置疑。之所以和你的主观感受不符，原因在于过去的市场环境很好，当你考核或激励员工的时候，员工的绩效就会随之提高，这让你感觉到考核或激励非常有用。但是当市场环境变得不景气的时候，你就会发现，无论你怎么考核或激励员工，想改善绩效都非常困难。所以，考核或激励其实从来都没有真正改善员工的绩效，真正影响员工绩效的其实是市场环境的变化。只不过客观因素和主观因素夹杂在一起，让你无法看清楚真相。

这就好像如果你顺着台风跑100米，你肯定能跑出比13秒更好的成绩，但那并不是因为你真的有能力做到，而是因为风的作用罢了。当风停下来的时候，你的成绩就会回到13秒。所以，雷军曾经讲过一句话：站在风口上，猪都能飞起来。想想看，猪真的能飞吗？同时，还有另外一句话说得好：只有当退潮的时候，你才能真正看清到底是谁在裸泳。

有人或许会说，考核或激励的方法虽然不能提高绩效，但是至少可以维持绩效，也是非常重要的手段，也值得我花费时间和精力去研究它。对这一点我也不敢苟同。再看这个百米跑的案例，你发现没有，从第二次到第三次、第四次，奖金的数量翻了若干倍，但是绩效成果同样都是13秒。这个现象说明了什么呢？说明如果你想维持员工的绩效，其实是不难做到的，无论你是用2万元、10万元，还是100万元作为奖金，最后得到的绩效成果都是一样的。这说明想要维持绩效其实并不难，很多企业在考核或激励方式上绞尽脑汁，不断翻新花样，我想说，把时间和精力花在这上面并不值得。你有更重要的事情需要去做。

最后，我总结一下：**真正决定绩效的因素是能力，而非积极性。积极性只是决定了能力发挥的程度，能力的上限才是决定绩效的最关键因素。所以，在企业中最重要的课题就是如何在工作中提升员工的能力**。如果你认同这个结论，那么就决定了人力资源管理的主基调，也就是说人力资源管理的重点一定是围绕着“能力”来进行的，而不是“考核”或“激励”。从因果关系上看，“能力”是“绩效”的因。从企业经营管理的角度来看，这个因果关系同样存在，想提高企业的业绩必须先提高企业的“市场竞争力”，所以企业必须尽快完成从“成果主义”到“实力主义”

的进化。

方法定绩效

如果你问我如何才能提高人的能力极限，那我会用“红珠实验”的结论告诉你，就是必须“优化系统”。一个好的系统自然会输出好的结果。如果你暂时还理解不了什么是“系统”，可以先简单地将其理解为“方法”。一个人之所以能提高绩效，就是因为他掌握了更好的方法。做同样一件事情，我的方法比你的好，比你的更有效，这说明我的能力比你强。所以，“掌握更好的方法”就代表能力的提升，这样可以理解吧？

比如，苏炳添能够跑进10秒，就是因为掌握了左脚起跑的方法，将右脚起跑换成了左脚起跑，最终实现了绩效的提高。

同样，刘翔能夺得奥运会冠军，并打破世界纪录，也是因为曾经在跨栏方法上做出了“八改七”的调整，把习惯的八步上栏改为七步上栏。正是因为掌握了更好的运动方法，绩效才产生了质的飞跃。

我依然可以用生活中的例子来证明这个简单的道理。

如果你家里有小孩正在上学，你认为如何才能提高他的学习成绩？给你两个选项：第一个，对他进行考核或者奖惩激励；第二个，把他送去重点学校或配备优质师资来教他更好的学习方法、应试技巧，等等。你觉得应该选哪一个呢？答案显然是后者。这也正是绝大多数家长在现实中所做出的选择。看来绝大多数家长还是理性的。但是这些家长中也有一定的比例是企业的经营者或管理者，当他们回到企业中面对员工的时候，却突然变得不理性了，竟然相信只要通过考核和激励就能提高绩效。

□ 如何提高孩子的学习成绩：

可能有人会想，我为什么不能两个都选呢？两个都选，岂不是作用能叠加，效果更明显？其实这正是很多人思维上的缺陷所在。很多人思考问题，不是喜欢追根究底，彻底挖出真相，而是喜欢凭着自己的主观感觉来做判断，因为他们有一种盲目自信，总觉得自己的感觉没错。其实，如果两项都选，最后的结果无非就是让背后的因果关系变得更不透明，让你不知道到底是哪一项发挥了作用而已。就好像你生了重病，同时吃中药和西药，最后治好了病，到底是中药有效还是西药有效呢？你当然是不知道的。你只是自以为是地认为，多吃一种药，作用就能叠加，效果会更好。问题是，真的是这样吗？有没有一种可能性是，其中一种药不仅没有作用，反而产生了副作用？当然有可能。所以，如果你想知道到底是哪一项有效，你只能逐一进行尝试。从社会上绝大多数人的实践来看，想提高孩子的学习成绩，只采取第二项肯定是有效的，这个没有异议吧？但是如果只采取第一项呢？恐怕就未必了。不信你可以试试。如果只采取第一项就能有效，那各种校外补习机构早就灭绝了。你说呢？

很显然，除非你的小孩本来就有考90分的水平，却因为懒惰和懈怠，只考了70分。在这种情况下，对他进行考核和激励才是有效的。如果这个小孩本来就只有考70分的水平，你想通过考核和激励让他达到90分的水平，理论上这是不可能实现的。这个时候，唯一有效的办法只能是找到好老师给他补习，让他掌握更好的学习方法和应试技巧，这样他就能提高自己的能力极限，最终实现90分的学习目标。

这个时候，肯定有人心里在想，会不会有很多小孩本来就有考90分的水平，但是因为偷懒和懈怠，才考了70分呢？我告诉你，这种情况或许存在，但绝对是少数。大多数小孩如果真的是偷懒和懈怠，也是因为他本来就没有能力考高分，所以才对学习失去了兴趣，变成了“破罐子破摔”。真正有能力考高分的小孩，一定是能在学习中找到乐趣或者是成就感的，反而不容易偷懒和懈怠。谁都想经常被老师表扬，成为所有人心目中的明星和焦点，这是人的本性，无论大人还是小孩都一样。粤语中有句俗语，叫做“有头发谁想做癞痢”。[1]真正有能力的小孩除非极特殊的原因，否则不会刻意考低分。所以，绝大多数小孩想提升考试成绩都需要首先提高能力。

既然“掌握更好的方法”才是提高绩效的根本手段，那我们的绩效管理就不能仅仅围绕着“数字目标是否达成”来进行，否则就是误导方向。

> 数字目标做不成任何事情，重要的是采用什么方法。如果不采用方法，你就能完成一个目标，那你为什么去年不做？唯一可能的答案是：去年你在磨磨蹭蹭。
>
> 数字目标并不会完成什么。重要的是方法，而不仅仅是目标，要多问：“该采用什么方法？”
>
> ——爱德华·戴明（美）《戴明的新经济观》

绩效鱼骨图

我们可以用一根鱼骨图来表达相应的因果关系。

1 这里的“癞痢”指的是没有头发的人，引申为生活条件差、处境不佳的人。

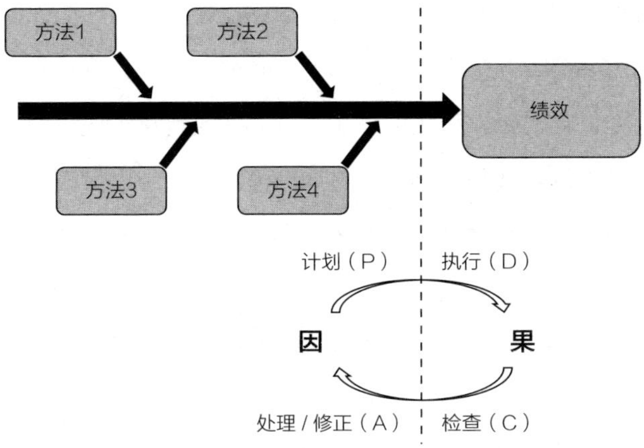

如上图所示，左边鱼骨的部分是“方法”，右边鱼头的部分是“绩效”。方法与绩效之间是因果关系，左边为因，右边为果。也就是说，如果你想改善绩效，正确的思路应该是优化方法，**只有方法改变了，绩效结果才会改变**。**方法不变，结果就不会变**。这是多么朴素的道理。可是偏偏大多数企业只盯着右边，不看左边。它们用绩效结果来考核员工，或者将绩效结果与员工的奖金收入直接挂钩，反复地在右边折腾，就是不愿意把目光挪到左边来。这种做法，就是稻盛和夫所说的“成果主义”。很显然，成果主义不仅不能提高绩效，还会导致一大堆的问题，这些问题我们后面再来慢慢说。

如果想要提高绩效，必须从“因”上下功夫，这才是正确的思考方式。那么具体该怎么做呢？举个例子，比如今年你已经实现了3000万元的业绩，想要明年更上一层楼，达成5000万元的业绩目标，这个时候，大多数经营者会直接思考让谁来扛这个目标，要不要进行考核，制定什么激励政策等。这就是成果主义的思考方式。正确的做法应该是考虑用何种方法来达成目标。因为现在的方法只能实现3000万元，想要实现5000万元就必须思考新的方法。但是新的方法你不会，怎么办呢？通常有两个途径：第一，加强实践，在实践中研究总结；第二，到别人那里去学。通过这两个途径你就可以找到新的方法。

用新的方法到底能不能达成5000万元的业绩目标呢？并不肯定，因为还没有实践过。对别人有用的方法对你不一定有用。这个时候，你就可以用新的方法来制定计划。这就是P（Plan）。这个计划其实就是建立一个因果的逻辑链接。但是这个因果的逻辑链接理论上还只是一个假设，还需要放到实践中去验证。建立起这个假设是十分重要的一环。接下来就要把新的方法执行下去，这就是D（Do）。执行完了就会得到一个结果，你把这个结果跟当初制定的5000万业绩目标进行对比，看看这中间有多大的差异，同时对这个新方法的执行过程进行复盘检查，以判断新方法是否有效，这就是C（Check）。C其实就是对P中所建立的假设进行验证。如果新方法非常有效，那就可以将其标准化下来。如果新方法无效或者效果不佳，那就要找到其中的原因，修正新方法，这就是A（Action）。以上就是一个完整的PDCA循环的闭环管理过程。简单来说，**所谓PDCA循环，就是通过不断地寻找创新的方法，建立因果逻辑假设，并通过具体实践来验证新方法的有效性的闭环管理方式**。通过不断地假设-验证，我们就可以持续地去探索那些未知的领域，并不断地将未知变成已知。

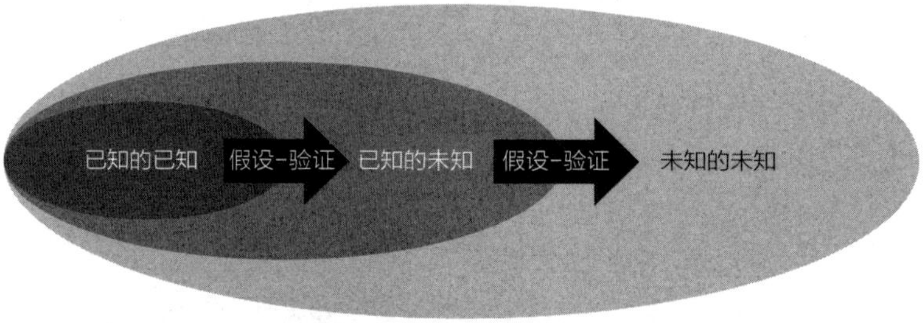

人就是通过不断地推动PDCA循环来提高自己的认知，从而提升能力的。凡是那些抱怨员工能力不足的企业，都应该好好检讨一下，在你的企业里面，这个PDCA循环到底有没有被正确地推动。以我的观察，至少90%的国内企业没有建立这样的经营管理闭环，或者说虽有其表但形同虚设。这些企业基本上都是大力推行成果主义的企业。

很多企业会纠结一个问题：结果重要，还是过程重要？你可能会认为，过程固然很重要，但是如果拿不到好的结果，过程再好又有什么意义呢？这句话听上去好像很有道理，但其实是不理解背后的因果关系。从“绩效鱼骨图”来看，“过程”即“方法”，结果不好，说明方法需要优化，仅此而已。举个最简单的例子，如果孩子考试成绩不佳，那么就去研究到底是哪些题做错了，是因为哪些知识点没理解清楚，还是哪些解题思路没有掌握，有针对性地采取对策就能有效提高成绩。**结果不好，就在方法上下功夫，就这么简单。**

因此，重视过程并不代表着轻视结果，相反，恰恰是对结果无比重视的体现。请大家务必理解这一点。如果你不能理解这一点，就会陷入“过程重要还是结果重要”这样毫无意义的争论中，最终妥协选择了结果，于是又回到成果主义的管理方式上去。你一定要明白，正因为结果重要，所以才要管理好过程，管理好方法。因为方法与结果之间是因果关系。

如何提高营业额

某家具公司给直营门店的店长定了一个KPI——“门店营业额达标率”，希望他们能努力提高门店的营业额，以达成公司设定的年度或季度目标。其实对于零售门店的店长来说，大概率都是拿提成工资的，也就意味着他们的积极性还是有基本保证的，不会对提高业绩漠不关心。但是，店长的积极性再高，也只能在她的能力范围之内保证门店的业绩。如果想进一步提高门店的业绩，达成更高的目标，很显然，就不能仅仅依靠考核或激励这些成果主义的手段了。想提高门店的营业额，就必须在“方法”

上进行创新。

如何才能找到提高营业额的新方法呢？很多人可能会根据自己的经验提出若干方法来。但是这样提出来的方法，通常还是一些较为常规的方法，没有实质性的创新；或是具有较强的主观性，过于想当然。

其实，既然方法与数字目标之间存在因果关系，那么找到新方法的思路就是要问自己："门店的营业额跟什么因素有关？"我们不妨将门店营业额用公式来进行分解：

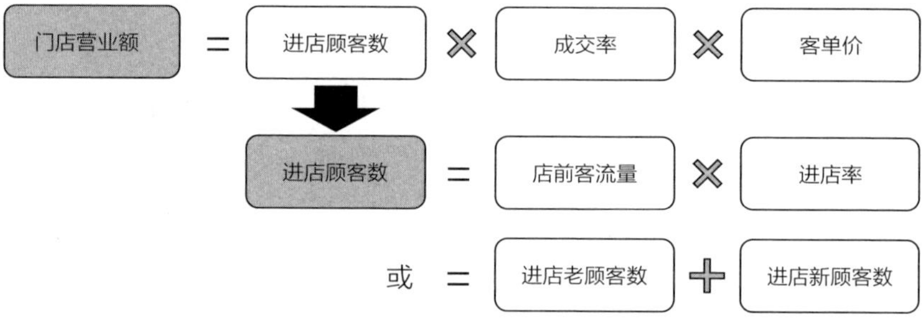

从公式中我们能看到，门店营业额至少跟三个因素有关：进店顾客数、成交率和客单价。也就是说，如果想提高门店的营业额，至少可以有三个思考维度——要么提升进店顾客数，要么提升成交率，要么提升客单价。

接下来怎么办呢？我们可以继续问："进店顾客数"跟什么有关呢？进店顾客数还可以进一步用公式来分解：进店顾客数=店前客流量×进店率。这个问题就转化成了：如何提高店前客流量或者进店率？店前客流量通常跟选址有关，而进店率跟引流方式、陈列展示、导购行为等有关。公式分解到这个程度，基本上就可以找到创新点在哪里了。

当然，进店顾客数还可以这样分解：进店顾客数=进店老顾客数+进店新顾客数，如何才能让更多的老顾客进店呢？又如何能够让更多的新顾客进店呢？这是不是又可以找到一些新的思路？

研究了进店顾客数，接下来我们再研究成交率。同样地，成交率跟什么有关呢？像家具这样的商品，指望顾客进店后就能自己下订单，恐怕难度很高，成交率主要跟导购的销售方式和销售技巧强相关。

最后，还有客单价。客单价跟什么有关呢？比如，顾客本来只想买一张桌子，那能不能让他把椅子也买了？这样客单价不就提高了吗？所以，客单价应该跟商品结构有关，跟导购的销售技巧有关，还跟陈列展示有关。

你看，要提高门店的营业额，其实可以从很多方面去寻找方法，这里面肯定有效果比较好的方法，也肯定有效果一般甚至没有多大效果的方法，这就要通过PDCA循环去进行假设-验证，找出有效的方法来，并不断地把有效的方法进行升级迭代。如果工作都能够以这样的方式去展开，是不是会变得更有价值和意义呢？员工也能够通过做这样的工作不断成长和进步。但可惜的是，绝大多数企业根本不去研究方法，它们只关心结果，把焦点都放在考核和激励制度上，殊不知这样做完全是舍本逐末。

大家不妨思考这样一个问题：当企业强化考核和激励制度的时候，员工更倾向于创新方法还是更墨守成规？答案是墨守成规。在追求结果的压力面前，谁会愿意去创新？创新需要花时间做研究，做假设-验证，更何况，只要是创新就会有不确定性，甚至有风险，墨守成规才是最保险的做法。所以，越是追求成果主义的企业，越难培养人才，企业的业绩提升也越困难，这何尝不是一种因果循环呢？

第二章

CHAPTER 2

企业是一个系统

谁来找方法

既然方法与绩效之间存在因果关系，找到更好的方法就能提高绩效，那问题来了，在企业中，谁应该去找方法呢？是经营者、部门负责人，还是员工？

很多企业都会制定年度计划，但是对于年度计划该怎么定却并不十分清楚。首先你要理解什么是“计划”。计划=数字目标 × 方法。很多企业制定年度计划，更多地是分解数字目标，然后让员工来扛目标。甚至有些企业搞各种仪式来让员工立军令状，好像立了军令状就能达成目标似的，这是典型的“许愿式”管理。

正如本书所讲的，数字目标的实现与方法之间存在着因果逻辑关系。大多数企业的现行做法是：由企业明确年度业绩目标，然后再明确各部门和员工的数字目标或KPI。也就是说，数字目标的制定是自上而下的，这一点应该没有疑问。问题在于，实现数字目标的方法应该是自上而下呢，还是应该自下而上？我相信看到这里，绝大多数人都会条件反射似地回答：自下而上。因为实际上很多企业就是这么干的。经营者把目标分给部门负责人，部门负责人再把目标分给员工，最后让员工自己找方法去达成目标。员工自己能找到方法吗？你看看自家企业的目标达成情况，或许就会有答案了。

在这里我给大家讲一个现实中的案例。曾经有个客户企业的HR联系我，她说公司采购中心的采购主管因为考核结果在闹情绪，问我该怎么办。我让HR把这位采购主管的考核表发给我看看，就是下面这张表。

2023年5月份采购中心黄××绩效考核表

<table>
<tr><td colspan="4">采购中心绩效考核量表</td><td>考核日期</td><td>2023.5</td><td rowspan="3">目标值</td><td rowspan="3">实际值</td><td rowspan="3">本月工作完成比率</td><td rowspan="3">信息来源</td><td rowspan="3">得分</td><td rowspan="3">未达标扣分值</td></tr>
<tr><td colspan="2">被考核人</td><td colspan="3">×××</td><td>考核人 ×××</td></tr>
<tr><td>考核项目</td><td>考核指标</td><td>分值</td><td>权重</td><td>计量单位</td><td>考核量化标准</td></tr>
<tr><td rowspan="2">生产任务管理</td><td>采购计划完成率</td><td>30</td><td>30%</td><td>百分率（%）</td><td>考核期内，采购计划完成率达到100%，每降低1%，扣1分</td><td>893898</td><td>652308</td><td>73%</td><td></td><td>21.9</td><td></td></tr>
<tr><td>采购及时率</td><td>30</td><td>30%</td><td>百分率（%）</td><td>考核期内，采购及时率达到100%，每降低1%，扣1分</td><td>58</td><td>47</td><td>81%</td><td></td><td>24.3</td><td></td></tr>
<tr><td>生产成本控制</td><td>采购成本控制率</td><td>10</td><td>10%</td><td>百分率（%）</td><td>考核期内，采购成本节约率达到100%，每降低1%，扣1分</td><td>1</td><td>1</td><td>100%</td><td></td><td>10.0</td><td></td></tr>
<tr><td rowspan="2">供应商管理</td><td>供应商开发计划完成率</td><td>10</td><td>10%</td><td>百分率（%）</td><td>考核期内，供应商开发计划完成率达到100%，每降低1%，扣1分</td><td>1</td><td>0</td><td>0%</td><td></td><td>0.0</td><td></td></tr>
<tr><td>建立合格供应商档案</td><td>5</td><td>5%</td><td>百分率（%）</td><td>考核期内，按标准完整地填写供应商的档案资料，少一项扣5分</td><td>1</td><td>1</td><td>100%</td><td></td><td>5.0</td><td></td></tr>
<tr><td>采购质量管理</td><td>采购质量合格率</td><td>15</td><td>15%</td><td>百分率（%）</td><td>考核期内，物资供应及时率达到100%，每降低1%，扣1分</td><td>100</td><td>96</td><td>96%</td><td></td><td>14.4</td><td></td></tr>
<tr><td colspan="6">合计得分</td><td colspan="6">76</td></tr>
</table>

从这张考核表来看，采购主管一共有6项考核指标，根据权重来看，前两项指标“采购计划完成率”和“采购及时率”是最核心的指标。但问题是，恰恰是最核心的这两项指标完成度都不太好。“采购计划完成率”的完成度是73%，“采购及时率”的完成度是81%。正是由于这两项指标的完成度比较差，采购主管的考核得分只有76分。

我跟HR说，既然采购主管的前两项指标都完成得不尽如人意，有没有去了解一下，完成度不高的原因是什么？很快，HR给我反馈，主要原因是设计部门反复修改图纸。因为设计图纸被反复修改，因此影响了采购进度，进而导致采购主管的考核结果变差。说到这里，可能有人会说，那应该让设计部门也承担责任，避免它们总是修改图纸，影响采购进度。但问题是，进一步了解后发现，设计部门之所以反复修改图纸，完全是出于客户的要求。客户频繁调整和变更自己的需求，因此设计部门不得不反复修改图纸，而最终遭殃的则是采购主管。面对这种情况，作为采购主管，你觉得她有办法改善这个指标的完成度吗？大概率是没有的。问题的源头在客户端，而作为采购主管，她甚至连客户的面都没见过。很显然，这种问题不是第一次出现，而每一次出现这样的问题时，采购主管都要为此承担责任，难怪她会有情绪。让员工为她无法优化的指标负责，你觉得这样合理吗？

战略、战术和战斗

大家一定看过《三国演义》。在《三国演义》里面，我们可以把蜀国看成一家企业，在这家企业里面，刘备是股东，诸葛亮是掌握蜀国军政大权的人，是企业实际的经营者，关羽、张飞、赵云等干将可以看作部门负责人，而他们下面的士兵则可以当作企业的普通员工。请问，你认为在经营者、部门负责人和员工当中，谁能确保企业业绩的最终实现？谁对经营结果起着最根本、最核心的作用？

根据我在线下上课的经验，通常的答案有两个：第一个答案是员工，第二个答案是经营者。为什么会认为是员工呢？因为在很多人心里，员工是企业最重要的资产，企业的成功靠的是员工的努力奋斗，所以很多人不假思索地认为是员工。但是如果你了解《三国演义》中的故事，你应该知道，刘备在遇上诸葛亮之前可以说屡战屡败，甚至到了心灰意冷的地步，后来正是因为三顾茅庐请出了诸葛亮才扭转了局面。同样是关羽、张飞、赵云这些当初的士兵，在诸葛亮手中，却被运用得出神入化，打得曹操的军队丢盔卸甲。刘备的军队不断攻城略地，最终建立了蜀国。很明显，对于蜀国来说，取得成功的关键在于诸葛亮。那么，对于企业来说，成功的关键又在于谁呢？答案已经呼之欲出，那就是经营者。经营者决定了企业的成败，决定了企业的目标是否能实现，不是部门负责人，更不是普通员工。那经营者是如何决定企业成败的呢？

我们再看《三国演义》，诸葛亮是如何带领蜀国的军队做到屡战屡胜的呢？以一场具体的战役为例。首先，由诸葛亮决定整体的策略，关羽、张飞和赵云负责对整体策略的各环节进行落实，比如张飞负责到敌军阵前叫骂，把敌军引出来，引出来之后可以与之交战，但只许败不许胜，并要把敌军引到一个狭窄的山谷里。赵云率军早早地埋伏在这个山谷里，只等敌军一到，居高临下万箭齐发，再配合乱石与火攻，杀得敌军呼天喊地，最后只剩一支残余部队勉强杀出重围，沿一条小道败退。而关羽早就按计划提前埋伏在这条小道旁，当敌军的残余部队拖着疲惫的身躯来到时，关羽一夫当关万夫莫开，将敌军全部俘获。怎么样，这样的故事情节是不是感觉有点熟悉？在这个过程中，士兵负责做什么呢？士兵负责按照长官的命令，执行具体的操作。

如果把企业经营的每一个年度看作一场战役的话，那么在年初的时候，经营者要负责明确年度经营的策略并分解给各部门，部门负责人要将经营者制定的策略彻底落实，而各部门的员工则按照部门负责人的指示，再结合相关的流程和作业标准，负责具体动作的执行。企业要实现年度目标，就应当建立起这样的经营系统来。

我们在前面讲过，要实现数字目标，重要的是找到有效的方法，数字目标与方法之间是因果关系。其实，方法也分层次，从大的角度看，宏观的策略是方法；从小的角度来看，具体的作业标准也是方法。所以，**在企业经营的过程中，我们可以把方法分为战略、战术和战斗三个层次。经营者负责明确战略，部门负责人负责明确战术，而员工负责具体战斗。**

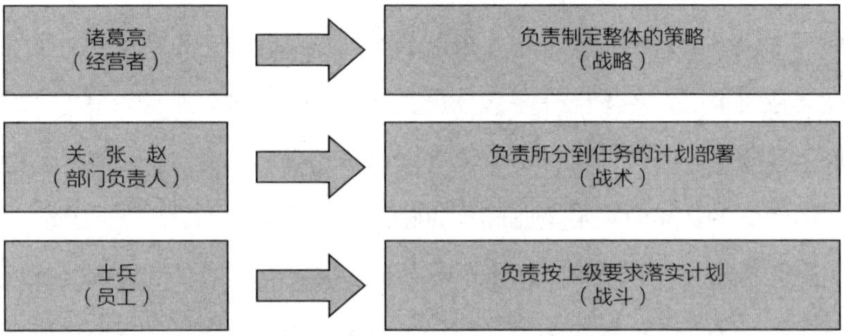

其实经营企业跟打仗本质上是一样的，但是绝大多数企业并没有理解这一点。绝大多数企业的经营者在年度经营中没有明确战略，或者说只有一些很粗糙的想法，没有经过有效的论证和解码，因此根本无法落实。这样的企业，就会特别依赖于成果主义的制度，让员工去扛指标、扛KPI，指望靠员工自己找到正确的方法去达成目标，殊不知这样做完全是误入歧途。这等于是把本应由经营者承担的责任推到员工身上，说得更严重一点，就是把企业的命运交付给员工，寄希望通过员工的努力来扛起企业生存和发展的重担，不得不说，这真是大错而特错啊。想想看，如果诸葛亮也采用类似的做法，不在策略上下功夫，只想着如何把指标和KPI压下去，比如张飞负责杀敌多少人，关羽负责杀敌多少人，让他们都扛着指标，明确相应的奖惩或激励制度；同时给基层的士兵设定计件或提成制度，每杀敌一人奖励多少钱，然后就让他们去冲锋陷阵了。你觉得这样能打赢吗？问题是，我们绝大多数经营者都是这样经营企业的呀！

资源、视野和权限

可以明确的一点是：**企业要实现高目标，如果经营者不能制定出有效的战略，靠员工是找不到方法的**。因为如果企业要实现高目标，就意味着必须在“方法”上做出巨大的创新和改变，而做出巨大的创新和改变，是需要条件来支撑的。最主要的条件包括以下三方面：

首先是资源。我以前在世界500强企业本田汽车的合资企业工作过，我们日常所做的很多创新，都是需要投入的。不花钱的创新也有，但是比较少，而且这种不花钱的创新往往属于很小的创新。很多企业的经营者有个不切实际的幻想，总觉得员工能够凭空创造出好的方法来。这样的天才不是没有，但是可遇而不可求。你不能总用天才的标准来要求员工。现实中，想要创新就要敢于投入资源，这是很简单的道理。企业里面谁能支配的资源最多呢？当然是经营者，其次是部门负责人等中层干部，资源最少的是基层普通员工。但是我们恰恰通过目标的层层分解，让最基层的员工来扛指标，让他们自己想办法达成目标，你觉得这样合理吗？

第二个条件是视野。视野越宽，能够整合的资源就越多，人的创造性就越强。企业里面谁的视野最宽呢？答案是经营者。经营者能够看到企业的方方方面，所有部门都要向他汇报，所以他掌握的信息最多、最全。企业里面谁的视野最窄呢？答案是基层员工。他们往往是一个萝卜一个坑，只能看见自己的一亩三分地，其他领域他们管不着，所以他们的视野被局限在一个狭小的空间里。你让员工来想方法，他们能想出什么好方法？

最后一个条件是权限。比如我是一个部门负责人，我让其他部门配合我的工作，可能效率会高很多，但是我没有权限这么做，所以，这样的方法我不会去想。正因为如此，很多企业各部门之间都有比较严重的部门墙，大家的工作没有协调起来，所以效率很低。解决这个问题的最好办法就是通过经营者制定战略，让各部门目标保持一致。这是经营者才有的权限。

综上所述，为了顺利实现企业的经营目标，最有可能找到“方法”的人就是经营者，因为经营者在资源、视野和权限三方面具备优势条件。当然，经营者所找的“方法”更多的是方向性的，并非具体的操作方法，我们通常称之为“战略”。在很多日本企业，更喜欢称之为“方针”。“方针”和“战略”大体是一回事，但又不完全一样。“战略”是一个更宏观、更笼统的概念。方针就是方向和指针，它更具体、更明确，是可以直接用三两句话写出来的内容。每年在制定年度计划之前，都要先由经营者明确未来一年的经营方针，各部门就要根据这个经营方针来分解和制定更加详细的对策，以保证经营方针能够彻底落实。所以，日本企业制定年度计划并不是找人来扛指标、扛 KPI，而是将经营方针进行解码，变成具体的对策和行动计划。这个内容我们后面详细讲。

小作坊如何变身大工厂

接下来我跟大家讲一个案例。这家企业是广东的一家五金制品企业，当时的产品主要是烤箱架，是专门给做烤箱的生产企业供应零部件的。烤箱里面的金属架子，你应该见过吧？产品可以说非常简单，就是几根钢条拼在一起。

这家企业在2016年的时候还是一家仅有几台冲压机、销售额不超过1000万元的小微企业，按照当时企业的生产条件和环境，只能称得上是作坊式的生产模式。

这么小的一家作坊式企业，产品也极其简单，你是不是觉得很好奇，这样的企业有什么战略可言呢？在很多人看来，似乎只有规模较大的企业，才需要制定战略，其实那是很多人的误解。你需要思考一个问题，大企业和小企业竞争，谁更需要战略？这就好像一个弱小的人要和一个大力士比武，为了获得胜利，谁更需要战略？很显然，如果大家同台比武，大力士只要用常规的方法，仅仅靠身体优势就能打败弱小的人。而弱小的人想赢，就必须放弃常规的方法，在方法上进行创新，才有可能以弱胜强。所以，越是弱小的人越需要战略。同理，越是小企业越需要战略。

这家企业的老板为了拿到更多的订单，就想不断地降低制造成本。众所周知，像烤箱这一类的小家电产品利润不算太高。因此这家企业每年都要面临客户要求下调供货价格的压力，要保住现有订单，甚至拿到更多的订单，就必须努力降低成本。为此，老板就给负责生产的厂长下达了KPI指标，要求制造成本每年降低5%。

为了达成这个KPI，厂长确实也很努力，做了很多事情。首先，他想办法尽量减少员工人数，比如让一名工人同时看几台机器；质检人员除了完成品检工作以外，还要负责物流工作等。其次，每年他都找原材料供应商砍价，如果砍不下来，就更换新的供应商。最后，他购买了很多二手的工艺装备和设备，即使其功能已经受损。也就是说，这个厂长已经把自己能想到的办法都用上了，但是这样做能达成每年削减5%的制造成本目标吗？

最后的结果是，第一年的确下降了5%，第二年就只下降1%，第三年非但没有下降，还由于原料涨价、工资上涨等问题，反而反弹了4%回来。你想想看，为什么会出现这样的结果？其实你只要回过头来研究一下厂长采取的几项措施就能明白。厂长的思路其实很简单，就一个字——“省”，想各种办法省钱。但是你想想，靠省能省多久？总是有个限度的，对不对？所以，第一年能降低5%，是因为可以省的成本还比较多。到了第二年，就没有多少可以省的地方了，所以只降低了1%。到了第三年，就已经省无可省了，再加上原料涨价和工资上涨等客观因素影响，成本自然就大幅反弹了。在这种情况下，2015年，厂长因为在成本降低方面没有建树，被迫离职，这家企业也更换了新的厂长。

新的厂长上任半年后表示自己也很难达成KPI，原因如下：

第一，成本已经减无可减，没有空间了。

第二，原材料越来越贵，同时为了找到工人，工资也要上涨，别说降低成本了，想要控制成本不上升都很难。

第三，品质、交货期开始变得不稳定了，客户的投诉也变多了，威胁要更换供应商，继续压低成本可能会丢失订单。你想想看，为什么品质和交货期会变得不稳定，是不是前期拼命削减成本造成的？比如，前期减少工人数量、更换供应商，以及购买二手工艺装备和设备，是不是都会产生副作用？

削减成本这条路有点走不下去了，怎么办呢？

后来，这家企业的老板听了我在线下的分享，认识到只是给员工定

KPI是没有用的，靠员工自己是找不到正确的方法来达成目标的。要达成高目标，经营者必须制定出有效的战略。于是，这个老板继续参加了我的经营战略课程的学习。通过学习和后续反复的研讨，这个老板终于找到了达成目标的方向。

要大幅度地降低制造成本，正确的方向应该是什么呢？靠“省”肯定不是长久之计，必须依靠创新。从制造业的角度来看，应该考虑技术创新，通过技术创新来降低成本往往有更大的空间。

我们可以把企业的产品力用这样的公式来进行整理：

产品力 = 产品技术 × 工艺技术 × 设备技术

我们先看产品技术，因为是给下游烤箱企业做配套的，所以产品技术主要由客户决定，因此，从这一项突破的空间可以暂不考虑。

其次，我们再看工艺技术，大家也都看到了，这家企业的产品在工艺上实际上是很简单的，就几根钢条拼接起来。因此，这一块突破的空间也可以先不考虑。

最后，我们看设备技术。这家企业的产品主要依靠设备来生产，属于设备密集型企业，设备优化的空间很大。因此，这个老板明确了自己的战略：将设备技术作为突破口，通过改造设备来降低成本，从而形成自己的核心技术。

明确了这个战略，剩下的就是集中资源对战略进行彻底落实。改造设备是需要大量投资的，如果没有老板的支持和参与，仅仅靠员工是不可能做成这件事的。后来，由于老板亲自抓战略的落实，且资源投入到位，成效十分显著。例如，弯折工序通过设备改造，过去1名工人1分钟才能加工一个零件，现在不用工人，20秒就能加工一个零件；切削工序通过设备改造，过去是2名工人看2台设备，平均2分钟才能加工一个零件，现在不用工人，1台设备15秒就能加工一个零件。效率大幅提升了。

从2016年到2021年，这家企业不再对厂长进行成本削减的KPI考核，而是持续聚焦战略落实，成功开发了三代自动化设备。由于持续做设备改造，企业实现了用工数大幅减少，但品质、交货期等水准依然保持不下降的效果。有了这样的竞争力，它们用更低的价格接到更多的订单。在五六年间，企业的销售额从原来仅仅1000万元快速增长到接近2亿元的水平。2021年，这家企业从原来的小作坊搬迁到了新的办公大楼和新工厂，员工的购车比例超过80%，可以说整个企业的面貌已经焕然一新了。

通过持续三代设备改造的经验积累，这家企业掌握了高效率钢条加工设备的核心技术，又开发了能制造钢条果篮的新一代高效率设备，它生产的钢条果篮既便宜又美观，获得了大量欧美出口订单。

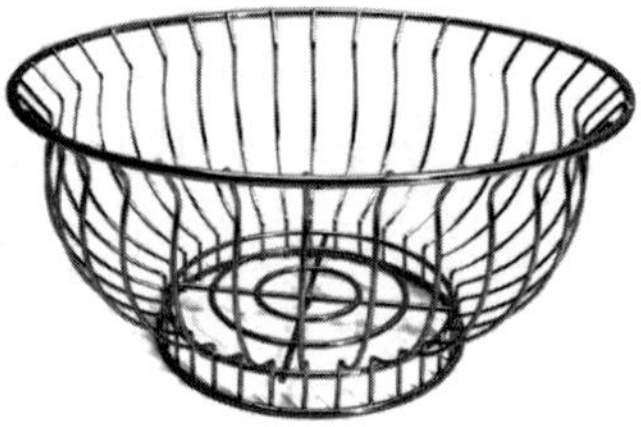

这是一个非常完美的通过战略的制定进行技术创新，积累自己的核心技术，从而建立起企业的市场竞争力，并依靠市场竞争力不断成长的案例。在这个案例中，经营者一开始采用的是给手下的管理者压KPI指标的经营方式，事实证明，部门管理者的视野是非常狭窄的，仅仅寄希望于用“省”的方式来达成目标，这显然是无效的。但同时，这也是完全可以理解的，因为部门管理者很难站在经营者的角度去思考，他缺乏相应的资源和权限，很难做出投入巨资去开发新设备这样的决策，甚至提出这样的建议都显得有些“僭越”了。

企业绩效与个人绩效

很多企业之所以依赖考核和激励这种成果主义的手段来达成目标，有一个很大的原因，就在于它们对企业绩效和个人绩效之间的关系产生了误解。很多人以为只要各部门的绩效做到最好，企业整体的绩效就能做到最好。同理，只要该部门的所有员工的绩效能做到最好，则该部门的绩效就能做到最好。用公式来表达如下：

$$\text{企业绩效} = \Sigma\text{部门绩效} = \Sigma\text{员工绩效}$$

这个公式所表达的内容看上去很合理，但其实是完全错误的。因为它忽略了一点：企业是一个系统。什么是系统？系统并不是由各个组成部分简单相加形成的，系统的各个部分之间存在着相互协调和合作的关系，协调和合作的结果就是系统的整体输出。

举个简单的例子，一支足球队就是一个系统。你不能认为只要前锋、中场和后卫各自在自己的职责范围内表现得最好，整支球队就能取得胜利。比如，前锋只管进球，不管防守的事，而后卫只管防守，不管进球的事，这样的球队不可能拿到优异的战绩。事实上，前锋、中场和后卫，甚至包括守门员在内，都是相互协调和合作的一个系统。球队进攻的时候，是以一个系统的方式在进攻，并不是只有前锋在进攻。比如后防球员拦截了对方的进攻之后，并不是直接一个大脚把球踢飞就完事了，而是要想办法尽可能快速地把球传到中场或前锋脚下，迅速完成攻防转换；而球队防守的时候，也是以一个系统的方式在防守，这个时候，哪怕前锋也要承担防守的任务，要想办法尽量让对方的进攻体系变得支离破碎，给自己的后防线减轻压力。而整支球队具体该如何协调和合作，是以进攻为主还是以防守为主，就由主教练的比赛策略来决定。你看，是不是和经营企业是一样的？在这里，主教练就相当于企业的经营者。所以，与球队的主教练一样，经营者也必须明确企业经营的整体策略（即战略或方针）。

企业各部门之间是相互协作的关系，不能在缺乏系统的战略规划的前提下，仅仅依靠给各部门设置KPI指标，然后通过考核或激励的方式来达成企业的整体经营目标。因为当你给各部门设置KPI的时候，各部门的目标已经产生了差别，它们都为各自不同的目标而努力，而在这些各自不同的目标之间，极有可能存在各种矛盾和冲突。

比如，就以前面讲到的足球队为例，进攻和防守就是一对矛盾。对于一个前锋来说，如果对他的进攻效果进行考核，那他肯定就会把防守当成拖累；反之，对于后卫也一样，如果对他的防守效果进行考核，那他肯定就不愿意参与进攻，因为参与进攻就有可能导致防守出现漏洞的概率增加。因此，我们势必不能用这种简单粗暴的方式来进行考核和管理。

企业内部也一样，有些部门是负责降低成本的，而有些部门是负责扩大营收的，两者之间就会有冲突。比如，人力资源部的KPI是控制人工成本，而销售部的KPI是提高销售额。提高销售额往往意味着需要加大人力资源的投入，这就会与人力资源部的目标产生冲突。

其实，这种例子在企业里比比皆是。比如采购部门的KPI是降低采购成本，而生产部门的KPI是保证订单准交率，品质管理部门的KPI是保证质量合格率，财务部门的KPI是提高资金运转效率。采购部门想降低采购成本，就有可能更换价格更便宜的供应商，新供应商的质量和交期有可能会很不稳定，就会跟生产部门和品质管理部门的KPI产生冲突。降低采购成本的另一种方式是大量采购，这样又极容易造成库存积压，使得资金周转效率下降，这跟财务部门的KPI又产生了冲突。

在执行目标管理时，将公司的目标展开划分为各个组成部分或部门的目标。我们通常会假设，如果各部门都达成它分到的目标额度，则整个公司的目标也会自然达成。然而，这种假设并不成立：部门之间总是彼此相互依赖的。

——爱德华·戴明（美）《戴明的新经济观》

所以，各部门之间的关系不应该是竞争，而应该是合作。很多企业不明白这个道理，以为让各部门之间相互竞争就能够激发各自的工作热情，殊不知，这样做的结果，不但破坏了企业的系统性，而且导致企业整体的利益受损。看到这里，你是不是会想到独立核算，想到阿米巴经营？阿米巴经营的目的是为了让各阿米巴之间相互竞争吗？你看看稻盛和夫是怎么说的：

对阿米巴的评价也不是注重订单、生产总值、单位时间等绝对数额，而是重点关注如何通过钻研创新来提高这些数据。其目的不是让各阿米巴在公司内部形成竞争，而是认为理想的企业应该是各部门在和谐相处的同时，能够自觉提升各自的实力。换言之，各阿米巴的行动并非出于"只要自己好就行"的利己动机，而是为了公司的发展，要求团结所有阿米巴以及全体员工的力量。

——稻盛和夫（日）《阿米巴经营》

正因为如此，稻盛和夫才三番五次地强调阿米巴经营的结果不能跟相关负责人的收入直接挂钩。因为阿米巴经营的目的是激发员工"专研创新"，其本质目的是为了"提升员工的实力"，并非简单追求阿米巴的经营结果。倡导"人人都是经营者"的目的是为了培养员工的经营意识和参与意识，并不是真的让你把企业分割成若干独立的模块，去搞各自为政的经营，那样企业不就分崩离析了吗？我们来看看戴明讲过的一个案例。

汽车引擎与传动系统的内部都有电气组件。一位经验丰富的工程师重新设计了某些组件，将它们放入引擎内取代一些电气零组件，其他的保持不变，这样传动系统就可以免用任何电气零组件。下表就是两种设计方案的成本比较。

状况	引擎	传动	合计
现状	100	80	180
改善方案	130	0	130
改善方案节省经费	—	—	50

然而这项建议却被引擎部门的财务人员否决了，因为这会使引擎的成本增加30美元。它们的职责是降低引擎成本，而不是增加成本。虽然这项改善方案足以使公司的总成本下降50美元，但引擎部门的财务人员并不考虑这点。他们只管引擎的事，不是整部汽车。对他们而言，引擎部门是独立的利润中心。

——爱德华·戴明（美）《戴明的新经济观》

很多企业也发现，给各部门设置不同的KPI会导致企业内的协作性下降，于是有些企业在分配绩效奖金的时候加上了“调整系数”，企图用这种方式来解决这个问题。比如，按照你这个部门的KPI达成情况，本应该分配这么多奖金，但是由于企业整体的业绩目标没有实现，所以必须在原本应该分配的奖金数额上乘以一个调整系数，例如0.8或者是0.9，这就相当于在原来的奖金数额上打了一个折扣。不得不说，这样的做法完全是掩耳盗铃，除了打击相关部门和员工的积极性之外，起不到任何作用。原因在于，部门之间的协同是依靠战略来实现的。正因为诸葛亮的战略清晰，才明确了张飞、关羽和赵云之间的相互协作关系。而很多企业因为战略不清晰，才采取了给各部门直接定KPI的做法，从而导致各部门目标不一致，这才是导致部门间协同性下降的根源所在，不是靠一个“调整系数”就能解决的。你想用一个“调整系数”来弥补战略的缺失，这怎么可能呢？

企业绩效公式

如果一定要用一个公式来定义企业绩效，更准确的表达应该是：

企业绩效 = 正确的战略方针 × 彻底的执行

经营一家企业跟打仗是类似的，都是靠战略来取胜。“战略”一词本就是从战争中发展出来的术语。在上面这个公式中，“正确的战略方针”主要是由经营者负责的，而“彻底的执行”是由企业员工共同协作来完成的，只有这样，各部门的努力才不会形成矛盾和冲突，企业才能实现目标一致，上下同欲。

> 任何企业都必须建立起真正的团队，并且把每个人的努力融合为共同的力量。企业的每一分子都有不同的贡献，但是所有的贡献必须是为了共同的目标。他们的努力必须凝聚到共同的方向，他们的贡献必须紧密结合为一个整体，其中没有裂痕，没有摩擦，也没有不必要的重复努力。
>
> ——彼得·德鲁克（美）《管理的实践》

“正确的战略方针”是“选择”，而“彻底的执行”是“努力”，经营者负责选择方向和策略，员工负责努力把经营者的选择彻底执行，落实到位。请问，你觉得是“选择”重要，还是“努力”更重要？当然是“选择”更重要。很多老板总是抱怨员工不够努力，但问题是你有没有清晰地告诉员工努力的方向呢？员工知不知道该如何努力呢？他知不知道怎么做才能达成目标？

战略才是决定企业成败的关键。你想想看，如果诸葛亮制定的战略是错误的，是不是直接会导致失败？你再想想看，红军当年能够在国民党军队的数次“围剿”中生存下来，并夺取最后的胜利，是不是离不开以毛泽东为中心的领导班子的正确战略？

所以，你一定要明确一个观念：**企业的经营结果是由战略来保证的，不是由员工的努力来保证的。员工的努力只是为了彻底执行战略**。作为老板，不要天天去研究如何让员工拼命工作，如何让员工比老板更操心，员工就算比老板更操心了，又能怎么样呢？业绩能增长多少？你要记住，但凡依赖于给员工打鸡血，让员工自己想办法去拿业绩的企业，最终都会导致企业的战略机能退化和萎缩，这样的企业即便能有一时的辉煌，最终也一定会走向失败。特别是在外部市场环境不景气或者竞争激烈的情况下更是如此。

所以，薪酬也罢，绩效也好，它们一定是围绕着推动战略的落实来制定的，如果企业没有清晰的战略，这些功能就没有了运行的中枢，就只能独立运作。而独立运作的形式是什么呢？只有一种形式：就是把薪酬和绩效直接挂钩，用物质利益来刺激员工自己想办法达成目标。员工自己能不能找到办法呢？前面已经讲得很清楚了，大多数情况下都找不到。为什么找不到呢？核心的原因就是没有资源。谁有资源谁就能找得到办法。在企业里面，能最大限度地调动资源的是老板，是经营者。所以，**所谓战略选择，就是经营者要决定企业的资源该如何配置**。企业的资源是有限的，你必须把它配置在最有价值的地方。中小企业更是如此。绝大多数中小企业之所以业绩提升缓慢，就是因为资源配置在了错误的地方。只是经营者完全没有意识到而已，因为他们总认为问题出在员工身上，总认为企业成功的关键在于搞定员工。

一将无能，累死三军

有些人会说，按照企业绩效公式，岂不是企业的命运和成败全都系于经营者一身？那经营者的压力会不会过大，对于经营者的要求会不会过高呢？我想说，这就是作为经营者必须承担的责任，不然为什么经营者拥有最大的权力、享受最高的收入呢？权责本来就是对等的。你有没有听过一句话："一将无能，累死三军"？如果经营者不提高对自己的要求，就会拖累整个企业的发展。很多企业的经营者都在对员工提出要求，希望员工提高自己的能力，他们压根想不到企业发展的瓶颈其实在他们自身。

当然，正因为经营者的战略方针决定了企业的成败，为了分担这个风险，企业就应该为经营者配置辅助的幕僚机构，比如"经营管理部"，或者"战略管理部"，这就好像军队有"参谋部"一样。在很多优秀的企业，都有这样的部门存在。这些部门协助经营者收集信息和数据，进行相应的分析，向经营者提供建议。同时，还会建立战略管理的流程，并推动相关工作按照流程具体推进。从某种程度上讲，要观察一家初具规模的企业是否构建了有效的经营系统，看它是否建立了"经营管理部"或"战略管理部"就是一个很直观的手段。

还有人担心，如果员工的作用只是"彻底执行战略"，会不会让员工变得机械化，丧失独立思考的能力，会制约员工的成长发展。我想说，这不仅不会制约员工的成长发展，相反，还能促进员工的成长发展。因为，所谓的"彻底执行战略"并不是像机器一样，只是呆板地执行标准化的动作。正如我们前面讲过的那样，企业的经营是按照战略、战术和战斗三个层次依次展开的。经营者所制定的战略只是一个相对宏观的方向和策略，这些方向和策略距离具体落地还有很大的思考空间，这些都需要各层级、各部门通过自己的思考来完善并落地。所谓“执行战略”并不仅仅是“执行”，也需要大量的思考。比如，经营者明确了“通过对现有设备进行改造优化来大幅降低制造成本”这样的战略方针，但是具体该优化哪些设备，该如何优化？这些都属于技术性的问题，需要相关部门和负责人进一步考虑。但是，经营者明确这个方向是至关重要的，甚至是决定性的。如果没有这个方向，员工也不知道要往哪里努力，不知道到底要提高哪方面的能力，所谓“能力成长”就会变成一个抽象的概念。

战略执行有问题吗

经常有老板跟我说，他的战略很好，但是员工不给力，执行不下去。这种想法其实陷入了一个误区。从企业绩效公式来看，“正确的战略方针”和“彻底的执行”之间是相乘的关系，相乘代表着“有机联系”。所以说，表面上看是战略执行有问题，但其实有可能不在执行上，而在于战略本身存在问题。

红军在国民党军队实施第五次反“围剿”的时候，博古、李德提出要以阵地对阵地、堡垒对堡垒的方式拒敌于外，结果遭受了惨痛的失败，但是博古、李德在总结失败原因的时候，认为是红军将士执行不力造成的。其实，只要深入现场，认真地观察战斗的过程，就可以很清楚地看到：红军的阵地和堡垒根本经不起国民党军队的飞机、大炮和装甲车的轮番轰炸，而以红军的落后装备，拿国民党军队的阵地和堡垒毫无办法。所以，问题不在执行，而在战略本身。

诸葛亮作为蜀国掌管军政大权的人，早期有五虎上将可用，战略上的操作空间很大，所以经常打胜仗。但随着五虎上将的逝去，诸葛亮已经没有太多能人可用，那他的战略还能执行好吗？答案是没问题。“蜀中无大将，廖化当先锋”，诸葛亮依然能够依托现有资源达成自己的战略目标。

经营者的作用不是制定战略，而是必须制定出“可执行的战略”。这就是为什么“选择”比“努力”更重要的原因，因为“选择”本身就要保证“只要付出努力就能有结果”。正是因为这样的理由，制定战略比执行战略更难。所以，当企业的发展陷入瓶颈的时候，作为企业的经营者，首先不是去思考“如何激发员工的士气”，或者抱怨“员工没有能力执行我的战略”，而是应该彻底反省“我的战略是否足够清晰、有效？是否具备可执行性？”可惜的是，以我的观察，绝大多数企业的经营者都不是这样思考的。

以前有个老板对我说了这样一句话：“我的企业要成为一家不依赖于人才，但是能大量培养人才的企业。”我觉得这句话说得非常好，大家不妨好好品味一下。企业成功不依赖于人才，说明企业的经营者一定非常优秀，能够灵活运用现有资源制定出有效的战略。这样的战略实施成功之后，又能培养出大量的人才，这对于企业未来的战略制定必然提供了更大的思考和发挥空间。他讲的这句话难道不是绝大多数企业的经营者应该努力的方向吗？

创新的6个水准

企业是一个系统，要提高这个系统的输出水平，就必须对这个系统进行优化。道理其实很简单，企业就像一台机器，如果这台机器运作的方式不改变，那机器的产出水平就不会改变，除非你对这台机器进行优化。所谓“优化”，其实就是“创新”。我们可以把创新分为6个水准。

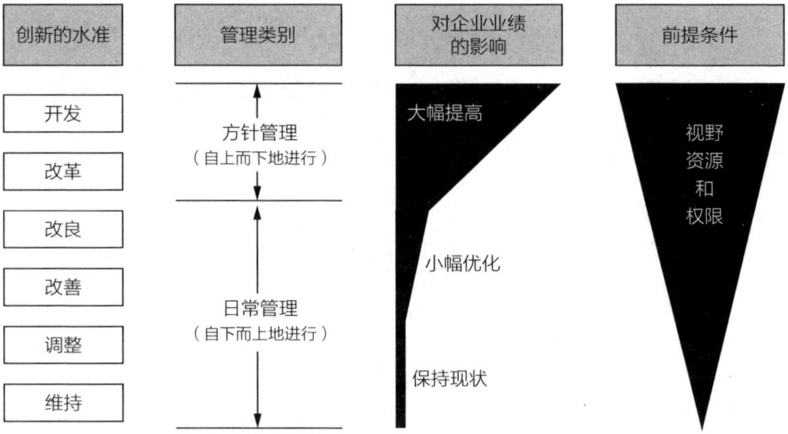

最底层的两个水准叫做维持、调整。维持就是不创新，跟原来的做法保持一致，员工每天按部就班地工作。但是，每天按部就班地工作，也会遇到一些异常情况需要处理，这就是调整。调整就是指遇到异常问题临时应对和解决一下。所以维持和调整，基本上属于不怎么创新的状态。既然不怎么创新，对于企业业绩的提升作用就非常微弱，企业的业绩大概率就处于停滞的状态。所以，你应该明白了，为什么很多企业的业绩常年停滞不前，就是因为这些企业的员工做的基本上都是维持和调整的工作，几乎没有什么创新。

接下来的两个创新水准叫做改善、改良。改善、改良都是实质性的创新行为，改良比改善在创新力度上稍大一些。这两种创新都是有价值的，但都属于局部性的创新，而且所需资源不大，可以小幅提升企业的业绩。比如某些岗位做了一些工作改善，优化了作业程序，降低了成本，提高了效率，等等。

创新的第五、六个水准叫做改革、开发。这两种创新是从企业整体层面发起的，通常需要投入较大的资源，动用大量的人力、物力和财力。这两种创新会大幅提高企业业绩。经营者的战略对应的就是这两个水准。所以，如果经营者没有战略，或者战略不清晰、有问题，企业的业绩就很难大幅提高。当然，我们还可以用这个因果关系反过来思考，如果一家企业业绩常年停滞不前，说明了什么呢？是不是说明企业的战略存在问题呢？遗憾的是，没有多少企业会反思这个问题，也没有多少企业经常对战略进行复盘研究。

很多日本企业会把创新的六个水准划分为两种不同的管理类别。改革开发的工作被称为方针管理，而维持、调整、改善、改良这四个水准的工作被称为日常管理。方针管理简单来说就是战略管理，是把企业的战略进行落地的管理。因为方针管理通常要对企业进行改革、开发的创新，因此需要对应较大的资源、视野和权限，所以方针管理通常来说是以自上而下的方式展开的。也就是说，方针管理是由经营者来推动的。

反之，日常管理是以自下而上的方式展开的。也就是说每一位员工应该根据自己的岗位职责或作业标准来进行维持、调整的工作，企业也可以通过推行一些活动鼓励员工进行自主自发的改善、改良。很多大企业经常会大力去推动这些改善、改良的创新，但是对于中小企业来说，我并不十分建议大家盲目地模仿大企业。因为中小企业的特点是资源有限，一定要集中资源去做好改革开发的事情，尽可能不分散资源。**对于中小企业来说，战略是最重要的一件事情**。

第三章

CHAPTER 3

从目标出发

经营和管理

如果有人问我是做什么的，我会说“企业管理咨询”，但其实我真正做的是“企业经营咨询”，只是很少会有人这么说。“经营”和“管理”实际上是有区别的。经常听到有咨询界的同行大声疾呼：老板要抓经营，不要抓管理。这一点其实非常重要，但是绝大多数人并不能理解。究竟什么是经营，什么是管理呢？简单来说，经营是围绕企业的整体目标来转的。企业的整体目标是什么？可能是业绩目标，也可能是某个发展目标，总之，**经营是目标驱动的。而管理呢？它是问题驱动的**。企业的问题有很多，当你发现一个问题，就想去解决它，这就是管理。比如，有些老板问我：“员工的薪酬应该保密还是应该公开？”这就是管理的思维，你解决了这个问题，对企业业绩目标的实现有多大贡献呢？不知道。很可能没有什么贡献。但很多老板就喜欢研究这些问题，很显然，他们的关注点出现了偏差。

再比如，很多企业内部会议太多、太低效，于是经营者就想解决会议管理的问题，或者是解决沟通效率低下的问题。同样地，这些问题解决了之后对于业绩目标的实现有多大贡献呢？我相信你依然无法回答。最后你会发现，诸如此类的问题层出不穷，你根本就解决不完。而解决这些问题会耗光企业的资源和老板的精力，会把企业带到沟里去。

不是所有问题都需要解决。问题的出现往往跟“资源不足”有关。举个例子，中小企业往往是一岗多能，而大企业却分工很细，一个萝卜一个坑。你是一个人干十件事，而别人是十个人干一件事，在这样的情况下，你说中小企业的问题多是不是很正常？但是很多中小企业偏偏不信这个邪，非要模仿那些大企业，你说结果能好吗？

经营是以目标为导向的。目标来自哪里呢？来自战略。这就是为什么经营者必须负责战略的理由。但是很多经营者并没有经营的思维，只有管理的思维。他们陷在解决管理问题的泥潭里不能自拔。

某中小企业的年度战略

下面这张表是某中小贸易企业的老板自己制定的年度战略规划。这个年度战略规划分成5大模块，分别是提升信息管理水平、提升团队能力、升级产品、关键客户经营、新客户开发，每个模块下面再细分为若干子模块，有些子模块下面甚至还有二级子模块。你觉得这样的年度战略做得怎么样呢？可能有些人会说，挺好啊，做得挺细致的。可问题是，细致有什么用呢？我们要的是细致吗？我们要的难道不是实现年度目标吗？年度目标是什么？最核心的年度目标通常来说无外乎就是销售额和利润，对吗？那么请回看这张表，表中的工作如果都完成了，预计销售额和利润能增长多少呢？恐怕你回答不了这个问题吧。你还认为这个战略挺好，挺细致。请问，这么细致的战略如果要全部落实彻底，需不需要投入资源，比如资金、人力等？如果你为了这个战略投入了大量的资金和人力，最后没能带来相应的销售额和利润，作为老板，你能接受吗？有人说：“这么多工作如果都彻底落实下去了，好歹都会带来一部分业绩增长吧？虽然不能直接说出做完这些工作能带来多少销售额和利润，但是我相信这些工作和业绩提升肯定是有关系的。”我只能说那是你的主观想法，没有任何客观依据。

某中小型贸易公司的年度战略[1]

公司 2023 年战略	提升信息管理水平	收集行业信息	收集行业法规、重大事件、行业格局、有影响力的新技术等信息
		收集客户信息	学习需求管理知识
			收集分析客户需求
			收集客户的相关系统信息
		……	
	提升团队能力	让所有人清晰理解公司的定位与价值观	
		学习客户业务知识	拜访客户时多与客户交流工作知识经验
			寻找行业内培训公司，找到合适的培训课程
			由 ×× 来做客户业务知识团队培训
		学习 2B 销售知识	让代理厂家做新产品知识培训
			收集公司过去的知识经验
			由 CTF 来做产品知识团队普及培训
		学习项目管理知识	
		……	
	升级产品	帮助代理厂家升级代理产品	
		研发自主产品	
		提升公司无形产品与服务水平	
	关键客户经营	在已成交客户里参照 LAMB 方法投入资源经营	
		定位部分有潜力的未成交客户，参照 LAMB 方法投入资源经营	
	新客户开发	整理并落实客户需求收集分析	
		整理并落实斩首式销售法运用	
		整理并落实行动承诺目标运用	
		整理并落实 TCL 角色目标表运用	
		整理并落实客户业务知识清单运用	
		……	

我先告诉你我是怎么看这家中小型贸易公司的年度战略的。首先，战略在本质上就是一个策略，战略的“略”字就隐含着“策略”的意思。所

1　该表为客户提供的原始表格，此处基本保留其原貌。

以，无论是诸葛亮还是毛泽东，他们的战略就是一个策略，他们就是靠着正确的策略打胜仗的。然后你再看这张表里的内容，你能看得出这里面有什么策略吗？这张表里的内容更像是把经营者心目中自己认为重要的一些事情做了一个罗列，这些工作之间看不出有什么联系。比如，为什么要“提升信息管理水平”呢？大概率是因为经营者认为企业内部某些工作效率低下。你看，这就是从“问题”出发的。再看下一项，“提升团队能力”，这一项又是怎么来的呢？大概率也是因为经营者发现团队的能力有缺陷，你看，也是从“问题”出发的。经营者脑子里的想法就是：“只要解决了这些问题，业绩就能提升。”真的是这样吗？背后有明确的因果逻辑支撑吗？其实是没有的。

我们很多时候思考问题会代入自己的主观情感，缺乏理性思维。就好像小时候，父辈经常教训我们：“你站没站相，坐没坐相，长大能有什么出息？”从情感上我们觉得这句话好像没问题——你连这么基础的事情都做不好，长大还能做什么大事？问题是，这样的人长大之后偏偏就有可能做成大事。比如，抓住短视频发展红利，成为一名拥有巨大粉丝量的网红主播。这样的事其实屡见不鲜。小时候一些所谓的“不良习惯”跟长大后有没有出息之间在客观上并没有确定的因果逻辑关系。

另一方面，年度战略不仅是一个策略，还应该明确指出未来一个年度中企业经营的重点。既然是重点就必然需要聚焦。重点太多了，就意味着资源的分散。什么都是重点，就意味着没有重点。作为一家中小企业，资源有限，战略聚焦更加重要。但是，从这张表来看，你感觉战略聚焦吗？焦点在哪里？你看得到吗？恐怕制定这个战略的人自己都不太清楚吧。

综上所述，这个战略不是一个好战略，甚至不是一个合格的战略。为什么会制定出这样的战略来呢？一方面是因为惯性的管理思维，习惯从“问题”出发；另一方面是因为老板完全没有意识到制定战略是一项非常客观和科学的工作，不能仅凭自己的主观感觉来做决策。所以，请你务必理解：**战略并不是老板心目中自认为重要的那些事**。

什么是最重要的工作

想要制定正确的战略，就必须找到“企业中最重要的工作”。那什么才是企业中最重要的工作呢？我来列举一些工作，你来判断一下这些工作的重要性如何。比如，优化组织架构、完善人事制度、系统梳理流程、规范预算管理、强化品质管理、提升团队能力、提升信息化水平，等等。请问，这些工作重要还是不重要？有人会说，当然重要啦。那我再问你，如果这些工作都很重要，都要去做，那你怎么安排这些工作的优先顺序呢？又有人会说，那我就看企业的短板是哪一部分，哪一部分是短板我就优先补哪一个。你看，这种思维是不是又是从“问题”出发？可以这么说，如果是这样的思维方式，企业的业绩大概率做不好。为什么呢？你不妨认真思考一下，要回答这些工作到底重要还是不重要，是不是应该先明确一个标准？如果没有标准，凭什么说某项工作是重要的呢？这个标准是什么？这个标准当然是企业的目标。对于绝大多数中小企业来说，从一个年度的角度出发，你的判断标准通常只有一个，就是这项工作做了之后，是否对企业业绩目标的达成有明确的贡献。如果有，那就是相对重要的工作；如果没有或不确定，那就是相对不重要的工作。这个时候，可能又会有人在脑子里蹦出一个念头：啊？那岂不是只有跟营销相关的工作才是最重要的工作？你之所以会这么想，那是因为你把企业的各部门完全作为割裂的个体来看待，你认为拿业绩就只是营销部门的事情，这恰恰说明你没有“战略”的概念。战略就是要把各部门、各模块整合起来，让它们协同一致，共同去达成企业的业绩目标。

为什么要思考“什么是最重要的工作”呢？那是因为做任何工作，只要你想做好，都是要投入资源的。很多企业的老板说，我有战略，只是落实得不好，很大的原因就是因为投入的资源不够。只要投入的资源够，理论上没有什么阻碍是不能克服的。但这么多资源一旦投入进去，就需要得到回报，否则这种投入就是不明智的，也是不可持续的。好，那我们再来看看上面所列举的那些工作，你能确定这些工作完成之后，企业的业绩能增加多少吗？比如，优化了组织架构、完善了人事制度、系统梳理了流程、规范了预算管理，这些工作都完成了，业绩能增长多少？你恐怕回答不了吧。你甚至都不能保证这些工作完成之后业绩就一定能增加，对不对？但是，这些工作一旦启动，就一定会产生成本和费用。也就是说，如果把这些工作都作为年度的战略来实施，能不能产生销售额、能产生多少不知道，但是一定会产生成本和费用。那么，想想看，这样的战略能用吗？

那什么是一个好的战略呢？简单来说，能对经营目标负责的战略就是一个好的战略。如果你制定了一个战略，想知道它是不是一个好战略，就必须整理清楚这样一个逻辑：落实了这个战略，到底能不能提高企业的整体业绩，能不能达成年度目标？你必须找到工作与目标之间确定的因果逻辑关系，这往往需要非常细致的研究和思考。所以，千万不要认为做战略是一项容易的工作。

业绩3年翻2倍是如何做到的

我有个客户是江苏的一家水产养殖企业，在民营企业中算是全国最大的草鱼养殖企业，2019年的时候，有员工200人左右，大概拥有9000亩鱼塘。企业养殖的鱼基本上都是通过经销商渠道来进行销售的。

为了方便管理，老板将9000亩鱼塘划分为多个养殖片区，由片区经理负责管理。老板每年会用一系列KPI对片区经理进行考核。考核的KPI以及权重如下表所示：

考核类别	KPI	权重
基本要求	考勤出勤率不低于 ××%	20%
	工作计划完成率不低于 ××%	
	每月学习时间不低于 ×× 小时	
管理要求	鱼病次数不多于 ×× 次	50%
	鱼掉鳞、破损等问题发生次数不多于 ×× 次	
	运输时鱼的死亡率不高于 ××%	
	药品使用正确率不低于 ××%	
效益要求	片区总产量不低于当年目标要求的 ××%	30%

我们来研究一下这张考核表。它分成三个部分，第一部分是基本要求，占20%的权重。这里面包含三项，有考勤出勤率、工作计划完成率、每月学习时间。第二部分是管理要求，占50%的权重，包括鱼病次数、鱼掉鳞或破损问题的发生次数、运输时鱼的死亡率、药品使用的正确率等。第三部分是效益要求，占30%的权重，这里面只有一项：片区的总产量必须达成一定的标准。

三部分的KPI看起来似乎挺完善，问题是这张表其实是经不起推敲的。首先，第一部分基本要求占20%的权重，这个比重不算低了。但是，请问这些事情如果都做好了，比如考勤、工作计划、每月学习时间都达标了，对业绩增长的贡献是什么？很显然，这些KPI都是从"问题"出发来设置的，跟业绩增长没有很明确的关系。有人说，的确没有直接的关系，但是难道这些基础工作你都不管了吗？其实，管的方式有很多，比如考勤，你完全可以通过考勤制度去管理，有必要将其作为KPI吗？什么是KPI？ KPI就是关键绩效指标。怎么体现“关键”？除非这些指标能对经营业绩产生贡献，否则你为什么要把它作为经营的重点？把这些并非关键的指标跟关键的指标全都放在一起，难道不会分散员工的精力和企业的资源吗？还是用我前面讲到的方法，对于所有你认为重要的工作，都反问自己一个问题：把这项工作完成了，业绩能增长多少？如果回答不出来，那么这个工作就先不要做。你多问这个问题，最后会发现原来大部分工作都可以不做，因为做不做对业绩都没有什么影响。当然，我这里所说的工作，指的是创新的工作，不是指日常工作，比如每个月要给员工发工资，这个工作你当然要做。但是如果你想优化薪酬制度，就要问刚刚那个问题，理解了吧？

这张考核表的第二部分是管理要求，占50%的权重。仔细看，第二部分主要是关于提高产品品质的指标。提高产品品质，能带来业绩增长吗？很多人又开始拍脑袋了：产品品质提高了，肯定有利于销售啊，当然能提高业绩啊。这些都只是你的想象，实际情况并非一定如此。产品品质提高了，销售就一定会更好吗？不一定吧。其实，之所以要抓产品的品质，大概率也是从“问题”出发来考虑的，因为过去经常发生类似的品质问题，甚至有可能遭到了顾客的投诉，所以就产生了要“狠抓产品质量”这样的想法。

第三部分是效益要求。效益难道不应该是对片区经理最主要的要求吗？为什么才占30%的权重呢？也就是说，如果我前两部分能拿满分，第三部分就算得0分，我也有70分。问题是我连效益都没有，为什么还能得70分？所以，这种以KPI加权重的考核方式很多时候就是一种数字游戏，根本经不起推敲。要是用这种方法来做绩效管理，那就是掩耳盗铃，业绩很难好得了。其实，老板之所以让效益指标只占30%的权重，是因为老板认为片区经理很难直接对结果负责，认为他们应该把主要精力放在管理类指标上。只要能让管理类指标变好，效益指标自然就不会差。其实，这只是老板内心的一些感性的想法，试想一下，如果真的是这样，那你为什么又要让效益指标占30%的权重呢？你难道不应该集中精力去抓管理类指标吗？这只能说明老板对于管理类指标和效益指标之间的因果逻辑关系又不太自信，他的内心是感性的、复杂的。

好吧，不管怎么样，片区经理们确实也只能把主要工作精力放在管理指标上了。

这样做的结果是什么呢？结果就是企业业绩多年来徘徊不前。市场好的时候，业绩就好一点，市场差的时候，业绩就下滑了。跟绝大多数别的企业也都差不多。

那些管理类指标达成的情况怎么样呢？答案是不怎么样。因为鱼病、鱼鳞破损、运输中的死亡率都是常年存在的顽疾，想要彻底根除很难，因此产品品质没有取得很明显的改善。有经验的朋友应该清楚，想要大幅度地改进产品的品质不是那么容易。

实际情况是，企业不仅销售额提升不明显，毛利率还不断下滑。为什么呢？第一，为了减少鱼病发生率，养殖中的用药成本上升了；第二，为了改善鱼表皮、鱼鳞的质量，在鱼饲料中增加了更多营养剂，导致饲料成本也上升了；第三，为了提高养殖管理的精度，公司导入了大量智能化养殖设备和软件，导致固定资产折旧也不断增加。还记得前面跟大家讲过的吗：很多工作对于是否能增加业绩是不确定的，但是会增加成本和费用却是确定的。如果把这样的工作作为战略，对于企业来说可能会造成极大的伤害。这家企业的情况就已经“完美”地印证了这一点。

当员工努力工作之后收入没有增加，于是在公司内部抱怨的声音越来越多，老员工的离职率也增加了。为什么员工收入没有增加呢？因为公司业绩没有增加呀，利润还下滑了，哪来的钱给员工增加收入？持续了几年之后，员工士气越来越低。老板对此非常困惑。

后来这家企业成为我的客户。老板曾经多次邀我去他的企业，当面沟通关于如何降低员工流失率和如何激励员工等问题。我告诉他，要解决员工的问题，首先必须解决企业业绩增长的问题。而要解决业绩增长的问题，必须首先制定出正确的战略。那怎么样才能制定出正确的战略呢？必须从经营目标出发，思考如何才能大幅提高企业的业绩。

这家企业的基本情况前面我介绍过了。它是全国最大的草鱼养殖企业，经销商都是优先从它那里拿货，也就是说它要是卖不出去，那别人就更难卖了。从这个角度来看，企业的重点显然不应该是抓品质，而是应该抓产量。只要产量上来了，销售额就上来了。

我们来看这个公式：销售额=养殖总量 × 平均鱼价。我们先看平均鱼价。对于水产养殖企业来说，价格通常是由市场决定的，想要提高鱼价是很困难的，因此暂不考虑。

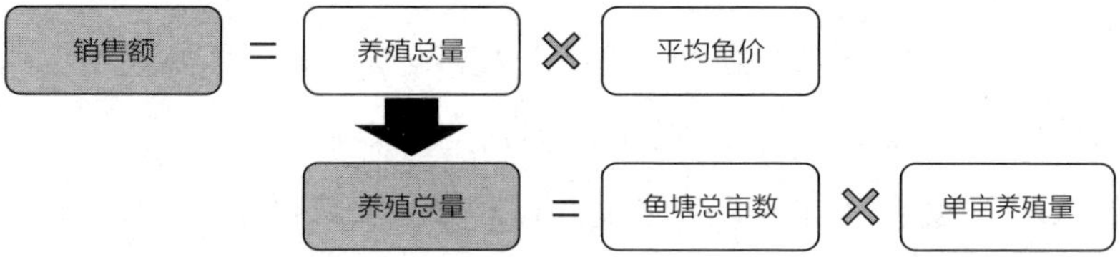

再来看养殖总量。这一项还可以进一步拆分为鱼塘总亩数和单亩养殖量两个要素。鱼塘总亩数现在是9000亩，如果想进一步增加，就需要增加投资，既然现有鱼塘的效益一般，贸然增加投资，风险比较大，老板不是很愿意。那么就只剩下单亩养殖量这个要素，也就是说能不能在一亩鱼塘中养更多的鱼。老板一开始是极力反对的，因为按照他长期养鱼的经验，一亩鱼塘中能养多少鱼是有限度的，现在的鱼病都已经很厉害了，养更多的鱼不是让鱼病变得更严重吗？鱼的品质就更难以保证了。

有些时候经验会变成我们的束缚，企业突破业绩瓶颈就是要从打破思维束缚开始。

后来这个老板左思右想，告诉我说，其实要提高单亩鱼塘的养殖量，理论上是有办法的，就是把鱼塘挖深，提高鱼塘的容积率。但是这样所有的养殖参数都跟过去不同了，必须重新进行研究。我说好啊，这不就是我们开发核心技术的机会吗？最后，老板下定决心把“大幅提高单亩养殖量”作为企业的战略，整个企业把资源和精力都聚焦到这个方向上来。

最后，我们来看看战略落实的效果。从2019年到2022年，这家企业每年的产量都在大幅度地增长，累计提升了87.2%。由于这三年刚好又是鱼价比较高的年份，特别是2021年的鱼价比2020年翻了一倍还多，因此3年内这家企业的销售额翻了接近2倍。战略的有效性得到了充分的验证。

企业业绩大幅提升之后，员工收入也大幅提高，年终奖增长了300%。离职率明显降低，2022年无一人主动离职。员工的工作能力显著提高，三年来有几十名员工得到晋升。到2023年，企业的养殖面积增加了一倍，从9000亩扩大到了18000亩。因为养殖效率大幅提高，这个时候老板就有动力投资更多的鱼塘了。员工人数也增加了一倍，从200人增加到400人。员工努力后看到了明显的回报，士气高涨。

从这个案例，我们可以清楚地看到，“提升产品品质”这样貌似理所当然的想法，由于没有跟企业的业绩建立明确的因果关系，结果把企业引向了错误的方向。所以，千万不要认为只要是问题，就应该解决，事实上根本不是这么回事。根据我的经验，可以毫不夸张地说，中国绝大多数企业经营者都习惯于从“问题”出发来思考企业的战略，缺乏“经营”意识，这才是导致企业发展缓慢的根源所在。

抓住主要矛盾

制定战略不能从“问题”出发，必须从企业的经营目标出发，换言之，战略必须对企业的业绩负责。只有这样，经营者才能真正承担起应有的责任，才不会变成“甩手掌柜”。这里要解释一下什么叫做“负责”。所谓“负责”，就是你必须清晰地说明你的战略与业绩目标之间有什么具体的因果逻辑关系。还记得前面讲过的鱼骨图吗？方法与业绩之间必须构建起明确的因果逻辑关系，如果说不出来，或者说不清楚，那就说明你的战略大概率是无效的，很可能会把企业带到沟里去。

希望你记住这样一个结论：**在战略不清晰或者是不正确的前提下，任何所谓的优化和创新的工作都只会确定性地增加成本和费用，却不能确定性地增加业绩**。所以你不要说，你每天都在创新，每天都在对工作进行改善，问题是这些创新和改善如果不能跟企业的业绩建立明确关联的话，只会确定性地增加成本，而不会确定性地增加业绩。你想想看，这对于企业来说是不是一种风险呢？因此，有时候你努力工作，并不一定有什么效果，反而还有可能更糟。还是那句话，选择比努力更重要。

以前我见过很多企业的老板，这些老板经常跟我讲的一句话就是：我们企业的基础很薄弱，太多短板了。言下之意，如果不先把基础打好，企业就无法发展。还有企业甚至向我展示过一个长长的清单，上面列满了各项基础问题的解决计划。面对这样的清单，我只问他一句话：假如这些工作都做完了，业绩能增长多少？这往往是灵魂拷问，对方一下子就愣住了，久久无法回答。这些企业经营者能够列出这样一长串清单，真的非常努力，但是企业却经营得没有什么起色。他们不明白，**企业经营的核心思路不是打基础、补短板，而是抓重点，抓主要矛盾**。什么是重点和主要矛盾？那些跟企业业绩目标有重大关联的事情才是重点和主要矛盾。很多时候，对于中小企业来说，“打基础、补短板”是一个很有害的思维。因为中小企业的资源极其有限，一旦有了“打基础、补短板”的想法，就意味着资源的分散和战略的弱化。

面对企业纷繁复杂的问题，能够抓住其中的主要矛盾，是一种非凡的能力，这种能力是作为经营者必须练就的。

> 在复杂的事物的发展过程中，有许多的矛盾存在，其中必有一种是主要的矛盾，由于它的存在和发展规定或影响着其他矛盾的存在和发展。
>
> ……
>
> 然而不管怎样，过程发展的各个阶段中，只有一种主要的矛盾在起着领导的作用，是完全没有疑义的。
>
> 由此可知，任何过程如果有多数矛盾存在的话，其中必定有一种是主要的，起着领导的、决定的作用，其他则处于次要和服从的地位。因此，研究任何过程，如果是存在两个以上矛盾的复杂过程的话，就要用全力去找出它的主要矛盾。捉住了这个主要矛盾，一切问题就迎刃而解了。这是马克思研究资本主义社会告诉我们的方法。列宁和斯大林研究帝国主义和资本主义总危机的时候，列宁和斯大林研究苏联经济的时候，也告诉了这种方法。万千的学问家和实行家，不懂得这种方法，结果如堕烟海，找不到中心，也找不到解决矛盾的方法。
>
> 不能把过程中所有的矛盾平均看待，必须把它们区别为主要的和次要的两类，着重于捉住主要的矛盾，已如上述……
>
> ——毛泽东《矛盾论》

第四章

CHAPTER 4

人不是主要矛盾

“折腾人”和“折腾事”

当经营者从“问题”出发去思考企业的战略时，最容易关注到的就是“人的问题”。所以，绝大多数老板把自己的主要精力放在如何“激励人”上，但这恰恰就是错误的开始。

我们来思考这样一个问题：企业如果要实现业绩的持续增长，应该把关注焦点放在“人”上面还是放在“事”上面？为了表述上的方便，我把这个问题简化成：企业想要实现业绩的持续增长，应该选择“折腾人”还是“折腾事”？

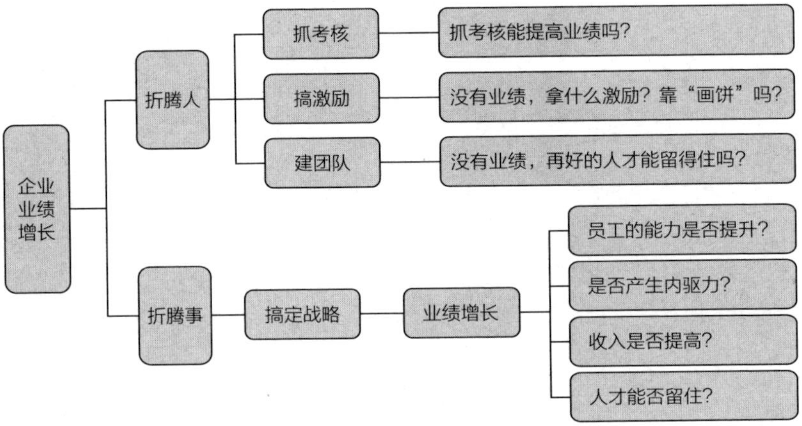

什么叫做“折腾人”呢？现在很多经营者最常做的就是三个方面：抓考核、搞激励、建团队。我们对这三个方面进行一些分析。先说考核，抓考核能提高业绩吗？这个我们在前面已经论证过了。考核不能提高业绩，充其量只能维持业绩，还记得百米跑的案例吧？如果你的能力水准只有13秒，无论怎么考核，你都不可能跑到12秒、11秒，最好的结果就是维持在13秒。然后是搞激励，你想想看，你都没有业绩，拿什么来激励呢？只能靠给员工承诺来激励。所以为什么很多员工都特别反感老板给他们画饼。你觉得是激励，但员工觉得是在画饼。更何况无论怎么画饼，员工还是只能跑13秒。最后是建团队，你再想想，你都没有业绩，靠什么吸引优秀的人才呢？那些优秀的人才即便来了，能留得住吗？我以前遇到过一个老板，总想先把高管团队建好，不断地去一些优秀企业挖人，结果高管来了又走，走了又来，5年过去了，企业业绩没有搞好，团队也没有建好。出现这种现象的原因很简单，老板花高薪去聘请人才，必然对人才产生极高的期待，可是一个企业如果没有好的战略，即便聚集一堆的人才也未必能发挥作用，搞不好还会造成人才间相互挤兑，最后一地鸡毛。这样的案例比比皆是。

所以，作为老板，要把企业的业绩做好，就不要去“折腾人”。越是爱“折腾人”的企业，根据我看到的情况，员工的士气反而越差，员工的抱怨也越多。你要是不信，你多关注一下，看看是不是这样的情况。既然不要去“折腾人”，那就应该去“折腾事”。所谓“折腾事”，就是要搞定战略。老板要把战略搞明白，要确保战略的正确性，还要把战略进行充分解码，变成员工可以具体执行的工作。就是我们前面讲过的，**把战略、战术和战斗三个层面的工作都做好，企业的业绩就能增长**。员工参与了战略实施的过程，开展了创新的工作，而且达成了更高的目标，你说员工的能力会不会提升？肯定会。员工能力不断提升，会不会带来成就感？有了成就感会不会产生内驱力？靠外在的物质比如奖金来激励员工，那叫做外驱力，外驱力是有局限性的，而且很容易带来负面效应。如果员工通过能力提升产生内驱力，那不是更加和谐、更加良性吗？然后，企业业绩增长了，你说员工的收入能不能提高？你都不用给他画饼，你有钱了，发下去都不会吗？最后，员工能力提高了，收入也增长了，你说人才能不能吸引得来，来了之后能不能留得住？你发现了没有，只要专注地去“折腾事”，把战略搞好，把过程管理做好，最后把企业的业绩搞起来了，关于人的那些考核、薪酬和其他的一堆让你头疼的事情全都自动解决了。

不知道你是否听过这样一句话：**业绩治百病**。几乎所有关于人的问题，背后都跟“钱”有关，只要企业有足够的“钱”，这些问题都能解决，或者让这些问题变得无足轻重。请你记住下面的结论：**关于人的问题都是次要矛盾，业绩和发展问题才是企业的主要矛盾**。一家企业只要能持续提升业绩，健康地成长发展，人的问题往往都容易解决。但是一旦企业的发展陷入停滞，关于人的问题就会大量地爆发出来。比如，本书前面讲的水产养殖企业的案例，在我结识这个老板的初期，他向我咨询的基本都是关于如何激励员工、如何降低员工流失率等问题，当他通过实施正确的战略突破了业绩增长的瓶颈之后，他再也没有问过我类似的问题。这再次应验了那句话：业绩治百病。

所以，当一家企业业绩增长乏力、陷入发展瓶颈的时候，经营者要很清楚地知道把资源和精力放在什么地方，不是整天去“折腾人”，越折腾越坏事，而是要去“折腾事”，就是去搞定战略的制定和执行，把业绩彻底做起来。一旦企业的发展进入良性运行的轨道，人的问题就自然解决了。中小企业尤其如此。

不要盲目堆砌人才

很多经营者有个误区，认为自己的企业之所以发展缓慢，就是因为人才不足，所以他们到处去网罗人才。其实，人才之所以能展现出过人的能力，很多时候要看谁来使用，以及如何使用。同样是关羽、张飞和赵云，在刘备的指挥之下就屡战屡败，但是换成诸葛亮来指挥，效果就完全不同了。说白了，对于缺乏战略思维的经营者来说，就算网罗再多、再好的人才也没有用。这些人才发挥不了作用，企业也难以实现业绩增长，最后这些人才只能从哪里来回哪里去。

请记住下面的结论：**不是因为拥有许多优秀的人才，企业才能成功；而是因为企业持续的成功，才能培养出大量优秀的人才**。大多数经营者颠倒了这个逻辑关系，所以常常因为没有人才而长吁短叹。企业的成功是由战略来驱动的，不是直接由人才驱动的，大量的人才是在战略实施和目标实现的过程中培养起来的，至少企业内绝大多数人才是这样成长起来的。没有正确且有效的战略，你根本不知道需要何种人才，就算拥有人才也不知道该如何使用。去外面网罗人才并不是没有价值，但前提是必须在战略清晰且确保正确的前提下进行，这种对人才的挖掘往往少而精且极有针对性。在战略不清晰的前提下盲目堆砌人才毫无意义。

很多企业的老板总是逼着员工去学习、去成长，反而让员工产生了逆反情绪。我要给各位老板一个忠告：不用老想着改变员工，这种想法其实意义不大。中小企业缺人才就是常态，你能用的就是普通人而已，这一点必须先接受。真正需要改变的恰恰就是老板自己，因为对企业业绩影响最大的就是老板的战略思维。你把企业的战略制定正确了，彻底落实了，员工在这个过程中自然就会跟着改变，跟着成长，你就不需要专门去折腾他们，特别是中小企业，往往是越折腾麻烦事越多，员工的抱怨也越多。

保健因素和激励因素

当企业业绩不好的时候，很多老板首先想到的是“如何更好地激励员工”，在他们心目中，“员工不够努力”就是业绩不好的主要原因，而一旦这么想，就已经走上了一条错误的道路。在这条道路上，你将找不到正确答案。

在这里，我想首先你应该先弄明白“激励”背后的原理。这就必须提到一个重要的组织行为学理论——双因素理论。我在《当薪酬不再与绩效挂钩》和《OKR这样做才有效》这两本书中都提到过这个理论，本书中我会再进一步对这个理论进行更深入的解析。可以这么说，彻底理解了这个理论，你就真正理解了人性。

双因素理论的创立者是美国心理学家赫兹伯格，他把企业里面与人相关的因素分成两类，一类叫做“保健因素”，另一类叫做“激励因素”。所谓保健因素，就是指那些很容易导致员工不满意的因素；而激励因素恰恰相反，是指那些更容易导致员工满意的因素。你只有分清楚这两类因素，才知道在企业里面应该如何激励员工。

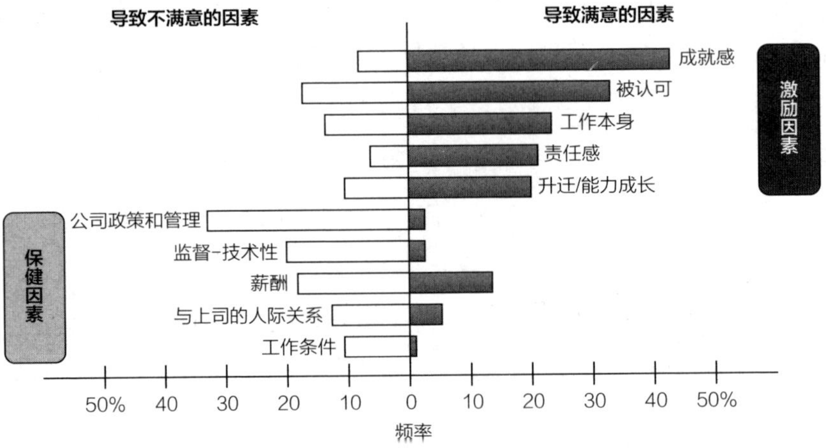

保健因素的特点是，这些因素很容易导致员工的不满意，而且无论你怎么做，最好的状态就是让员工“不会不满意”，但几乎不可能让员工满意。哪些因素是保健因素呢？比如公司政策和管理，例如各种制度、流程、规范，等等，都属于这一类；其次是监督-技术性，这里主要指的是对员工的工作监督和检查等；接下来是薪酬，这个就是大家最关注的，也属于保健因素，并非激励因素，但是市面上很多专家和学者都在讲“薪酬激励”，这种说法值得商榷，因为薪酬并不是激励因素；最后两个保健因素是与上司的人际关系和工作条件。

激励因素的特点是，这些因素只要企业做得稍微好一点，员工就会很满意，但是如果企业没做好，员工也不会不满意。哪些因素是激励因素呢？比如获得升迁/能力成长；再比如担负更重要的责任；接下来是工作本身，例如工作本身就很有价值，让员工很感兴趣；还有就是因为工作出色获得了周围人的认可；最后是因为在工作中实现了自我价值获得工作的成就感。

请你思考一个问题：企业通常来说更关注保健因素还是激励因素？答案是保健因素。为什么呢？因为保健因素是显性的，而激励因素是隐性的。例如，如果一名员工要离职，你去询问他离职的原因，他回答的是保健因素还是激励因素呢？大概率是保健因素。比如最常见的离职原因包括薪资低、工作条件不好、跟上司合不来、不喜欢公司的氛围和文化，等等，这些都是保健因素。正因为如此，绝大多数企业都把管理重点放在保健因素上，但是保健因素的特点是无论你做得有多好，员工都不会满意，因此在保健因素上投入是一个无底洞。有些企业甚至花费上百万资金请咨询公司设计考核、薪酬、股权等激励制度，最后却收效甚微，因为它们想用这些激励制度来调动员工的积极性，以获取更好的绩效，很显然，这样是不会有效果的，因为让保健因素发挥激励作用是行不通的。

内驱力

真正想要激励员工就必须从激励因素入手。如果做不到灵活地运用激励因素，就谈不上真正的人力资源管理。那激励因素该如何调动起来呢？你现在看看图中的保健因素和激励因素，有没有发现一些规律？你有没有看到，所有的保健因素都是工作之外的因素，而所有的激励因素都是跟工作本身直接相关的因素。所以，如果你想用保健因素来激励员工，这叫做外驱力，就是指来自工作之外的驱动力；相反地，激励因素是内驱力，就是通过工作本身来激励员工。换言之，员工通过工作的成功产生了兴趣和成就感，从而爆发出持续的驱动力，这就是内驱力。

用外驱力来激励员工，不仅有很多副作用，而且很有局限性，只要一遇到挫折，人就会立刻退缩。这就好像让你做一件非常不喜欢做的事情，但是承诺做好了给你奖金，你本来很不情愿，但是为了拿奖金只好勉强去做。用一句网络流行语来讲，这叫做“被迫营业”。你自己想想，这样的激励效果能有多好？你可能会说，虽然他不想做这件事，但是我给的奖金足够高，足够有诱惑力啊，员工为了拿到这笔奖金也一定会铆足了劲去做。理论上似乎很有道理，但是实际上这里必须有一个很重要的前提条件，就是这项工作必须在员工的能力范围内，如果超出了他的能力范围，或者说让他感觉到完成这件事情的难度很高，员工就会打退堂鼓。这个时候，你的激励措施就失效了。

但是内驱力就不同了，内驱力的原理是让员工喜欢上做这件事，要让他通过做这件事获得成就感，这样的激励效果就完全不同了。在这种情况下，当人遇到困难的时候，不仅不会退缩，还会越战越勇。最简单的案例就是玩游戏。我儿子前一段时间一直在玩国内很火的大型3A游戏《黑神话：悟空》，这个游戏的难度比较高，我看他在很多场BOSS战失败了几十次，但是还在继续挑战。我好奇地问：你不觉得厌倦吗？他神秘地微笑着，回答我说：你体会不了打败一个超级难打的BOSS时内心的快感！呐，这就是内驱力。打败一个BOSS没有任何物质奖励，但是仅仅因为他喜欢做这件事，且通过做这件事能获得成就感，他就能义无反顾地坚持做下去，直到达成目标。

那么在我们的具体工作中，怎样才能让员工产生内驱力呢？你只需做到这两点：第一，你必须给员工找到有挑战性的工作。注意：是“有挑战性的工作”，而不是“有挑战性的目标”。给员工设立有“挑战性的目标”很容易，但是要找到“有挑战性的工作”就不容易了。这就要求企业必须先明确战略以及实现战略的具体路径，否则你根本不知道到底要做什么工作来达成战略目标。这种“有挑战性的工作”，我们把它叫做“课题”，比如前面我们讲过的那个五金制品企业的案例，企业的战略是“通过设备开发来降低成本”，那么具体的课题就是：“如何对A设备进行改造”、“如何对B设备进行改造”，等等。再比如，前面讲的那个水产养殖企业的案例，它的战略是“提高单亩鱼塘的产量”，那么，对应的课题可能包括“如何对现有鱼塘进行容积扩大”、“如何开发养殖高密度鱼群的新饲料配方”，等等。员工有了具体的课题去研究，这就是让他对工作产生兴趣的重要条件。

第二，如果把课题比喻成游戏中的BOSS，那光有课题还不够，还必须让员工有办法解决这个课题。作为企业，不能只是把课题丢给员工就完了，还必须尽可能提供充足的资源让员工有效地解决课题。就好像打BOSS要是一直打不过，成就感还是出不来的，人终究还是会泄气，这个时候就可以去网上找找攻略，按照攻略的指引多练习几次往往就能打败BOSS了。所以，当员工面临的课题过于困难时，企业也要给员工提供“攻略”，包括提供资金、设备、人力、技术、培训等各方面的支持，确保员工能顺利解决课题。

让员工不断地做有挑战性的工作，还能持续挑战成功，这就是激发员工内驱力的方法。索尼创始人之一井深大曾经讲过：工作的奖励是工作。在井深大时代，索尼是非常优秀的企业。但是井深大退休之后，索尼逐渐以外驱力取代了内驱力，企业也开始慢慢变得平庸。2007年，索尼的前常务董事天外伺郎在网络上发表了一片文章《绩效主义毁了索尼》，在当时整个中国互联网上掀起了轩然大波。时至今日，这篇文章的内容依然值得我们很多企业深刻反思。因为原文较长，我对原文进行了精简，但基本保留原文的表达方式，以确保其真实意思不被扭曲。

什么是绩效主义？简单来说就是将业务成果和金钱报酬直接挂钩，以此鼓励员工为了追求物质利益而努力工作。

正是因为全公司追求绩效主义，曾经的索尼神话逐渐破灭了。索尼曾经是创新的引领者，但是现在却慢慢变成了落伍者。

20世纪80—90年代，人们都把索尼称为“21世纪型企业”。但是，具有讽刺意味的是，真正进入21世纪后，索尼反而退化成了“20世纪型企业”。

首先，在绩效主义的影响下，公司的“激情集团”消失了。所谓“激情集团”，就是那些不知疲倦、全身心投入开发的群体。要让技术开发团队产生这种忘我的状态，必须要基于内在的、自发的动机，比如想通过自己的努力开发机器人，这就是一种发自内心的冲动。

但是，如果是基于外在的动机，比如想赚钱或者升职这种世俗的动机，就很难产生发自内心的热情，就没有办法变成开发狂人。

如果总是说“你努力干我就给你加工资”，那么以工作为乐趣这种内在的意识就会受到抑制。从1995年左右开始，索尼公司逐步实行绩效主义，成立了专门机构，制定了非常详细的评价标准，并且根据对每个人的评价结果来确定报酬。

这种做法与索尼的创始人之一井深大的经营理念是背道而驰的。井深大有一句著名的口头禅：工作的报酬是工作。如果你因为干了某件工作而受到好评，那么下次你还可以干更好的工作。所以在井深大时代，很多人为了追求工作的乐趣而埋头苦干。

但是，因为实行绩效主义，员工逐渐失去了工作的热情。

为了衡量业绩，首先必须把各种工作要素量化。但是工作是无法简单量化的。公司为了统计业绩，花费了大量的精力和时间，但是在真正重要的工作上却敷衍了事，出现了本末倒置的倾向。

因为要考核业绩，几乎所有人都提出容易实现的低目标，可以说索尼精神的核心，也就是“挑战精神”逐渐消失了。

因为实行绩效主义，索尼公司内部追求眼前利益的风气蔓延。这样一来，短期内难以见效益的工作都受到了轻视。

其实，不管是什么样的企业，只要实行绩效主义，一些扎实细致的工作就容易被忽视。

索尼公司不仅对每个人进行考核，还对每个业务部门进行考核，由此决定整个业务部门的报酬。最后导致的结果是，业务部门相互拆台，都想方设法从公司的整体利益中为本部门多捞取好处。

索尼公司失去活力，就是因为实行了绩效主义。

绩效主义企图把人的贡献量化，以此做出客观、公正的评价。但事实上做不到。它的最大弊端是搞坏了公司的气氛。上司不把部下当成有感情的人看待，而是一切都看指标，用“评价的目光”审视部下。这使得所有员工都想尽办法逃避责任，企业的团队精神消失殆尽。

今天的索尼与井深大时代的最大区别是什么呢？那就是在“自豪感”方面的差别。当年创始人井深大和公司员工都有一种自信心：努力争先，创造历史。但是今天的索尼已经没有了向新目标挑战的“体力”，同时也失去了把新技术拿出来让社会检验的胆识。

不论在什么时代，也不论在哪个国家,企业都应该充分重视激发员工内在的驱动力。

用工作确保热情

外驱力只有保健的作用，难以起到激励的作用，这一点是毋庸置疑的。只不过大家混淆了保健和激励这两种因素而已。所谓保健，从字面上理解就是“保持健康”，也就是“维持”的意思。你能从15秒跑到13秒，看上去似乎考核或者奖金起到了激励作用，但实际上只是起到了保健的作用。因为你本来就能跑到13秒啊，从15秒到13秒只是“维持”你的正常状态而已，但是，如果想从13秒跑到12秒、11秒，这个时候外驱力就不起作用了。

经营者之所以对于用物质利益激励员工来提升绩效这种做法感兴趣，是因为金钱的作用的确具有一定的迷惑性。很多时候，企业的业绩好，并不是因为“物质激励”起到了作用，而是因为市场环境较好，所谓的“物质激励”只是起到了“维持员工的正常状态”而已。一旦市场环境变差，很多企业的业绩就会调头向下。

对员工的激励必须围绕“工作本身”来进行。请记住这句话：**不是用热情来推动工作，而是用工作来确保热情**。很多经营者颠倒了这个因果逻辑，他们认为必须首先用钱来刺激员工的积极性，员工才能带着热情去工作。其实不然，钱就算有激励作用，其效果也是短期的，无论你给员工多少钱，给钱的当下员工自然很开心、很激动，但是一旦时间长了，员工就会习以为常，热情会再度消退。更何况如果你真想用钱来激励员工，你首先得有钱啊。很多中小企业本来就缺钱，却热衷于物质激励，最后只能靠给员工“画饼”，可是员工一点也不笨，对这种“画饼”的做法非常排斥，根本起不到什么激励作用。

如果你真的想让员工保有持续的工作热情，只有一个办法，那就是让员工爱上工作，从工作中体会到乐趣和成就感。一个人如果长期在工作中没有进步，原地踏步，你觉得他会有热情吗？**让员工爱上工作，这才是真正的人力资源管理**。我感到特别遗憾的是，很多企业的人力资源管理根本没有深刻地理解人性，而是整天围着指标、公式、权重打转，把考核和薪酬制度设计得异常复杂，人力资源管理沦为了做数学题，仿佛用这些指标、公式、权重就能把人给彻底控制住，我想说这些做法其实跟真正的人力资源管理根本不沾边，在实践中也不会取得什么有价值的效果。

华为和胖东来的激励制度

有些人可能会说，你说不要用钱来激励员工，可是员工对钱的需求是现实存在的呀，难道员工真的不爱钱吗？不可能啊。在这里，我要声明一下，**我讲的是“不要用钱来激励员工拿业绩”，我可没讲过“不要给员工发钱”啊**，这是两码事。“薪酬不与绩效挂钩”的含义并不是指“低工资、低收入”，你可千万别理解错了。你之所以对我讲的内容会感到困惑，是因为你把“保健”和“激励”两个因素混在一起了，保健归保健，激励归激励。“给员工发钱”是出于保健的需求，你别用钱来搞激励。俗话说“拿人钱财，替人消灾”，很多经营者在脑子里充满了“交易”思维，内心的逻辑是“给了钱就要有回报”，企业出现的很多问题就是从这里开始的。

还有些人说，你不是说不要用钱来激励员工拿业绩吗？可是华为就是这么做的呀，而且还做得非常成功。我们说不要用钱来激励员工拿业绩，是因为这样做根本无效，因为业绩是由战略来保证的。对于华为来说也是一样的。华为之所以能够创造出骄人的业绩，毫无疑问，是依靠正确的战略方针和彻底的执行来保证的。其他你看到的所谓“激励制度”，仅仅是作为保健因素，维持了员工的正常状态而已。你要是不信，你可以试试把华为的激励制度全盘引进你的企业里面，看看会发生什么，看看是否能实现像华为那样的增长。我相信，你的期望一定会落空。

很多企业的经营者在战略上不思进取，却迷恋于学习华为的激励制度，这是典型的“东施效颦”。你知道这个典故吗？据说西施很美，但是身体有个小毛病，心口经常隐隐作痛。当心口痛的时候，她就用手捂着胸口，皱着眉头。结果隔壁的东施看见了，觉得西施的姿态很美，于是也学她的样子，结果变得更丑了。很多企业就是这种情况。

我们不妨对比一下两家国内顶尖的优秀企业，一家是华为，另一家是胖东来。你有没有发现，这两家企业同样非常优秀，但是它们在人力资源管理上的理念却大不相同，甚至可以说是完全相反。

华为强调的是“以奋斗者为本”，在华为只有努力拼搏的人才会受到尊重。比如在华为，下班后在公司饭堂吃饭或者乘坐公司的交通车都是要收费的，但是如果你留下来加班，则在饭堂吃饭免费，加班结束后乘坐交通车也是免费的。在人力资源制度上，华为强制考核排名并进行末位淘汰，实施高压管理。

胖东来是怎么做的呢？胖东来的理念是“爱与自由、快乐工作”。企业完全不强调什么“奋斗者”的概念，相反，它追求的是自由、快乐的生活和工作。企业严禁员工加班，加班的员工会被罚款。另外，胖东来也不搞什么业绩排名和末位淘汰，甚至还主动给员工减压，鼓励员工每年必须去旅游，费用由公司承担。

看到了吧，华为和胖东来对员工的管理理念和实施的人事制度几乎完全相反，但是不影响它们成为各自行业的佼佼者。这说明了什么呢？说明企业的业绩不是通过“折腾人”来实现的。不然为什么完全相反的人事制度和管理理念同时出现在两家同样优秀的企业？华为和胖东来的成功都是来自战略上的成功。**战略是解决市场端的问题，满足顾客端的需求**。而在这一点上两家企业有着惊人的相似之处，它们甚至有着完全一致的理念，那就是“以顾客为中心”。企业的业绩增长是因为制定并实施了能更好地满足顾客需求的战略。所以，请你记住这样的结论：**战略首先要解决市场端和顾客端的问题，而不是解决员工端的问题。无论你怎么折腾员工，顾客也不会因此买单，企业的业绩也不会因此增长。**

第五章

CHAPTER 5

解决市场端的问题

别让各部门变成“瞎子”

我要再次强调，前面讲了不要用外驱力激励员工拿业绩，其含义并非要给员工低工资。恰恰相反，我的看法是要给员工高工资。因为只有高工资才能吸引和留住优秀的人才，才能支撑企业的战略成功。你有没有留意到，尽管华为和胖东来在人事管理理念上有极大的差别，但有一个共同点，就是它们都为员工提供了极高的薪酬。要做到这一点，企业必须首先保证实现远超同行的业绩，并且还要做到持续稳定地增长。

日本的经营之神松下幸之助曾经说：“销售额是顾客支持企业的证明，利润是顾客感谢企业的证明。”所以，企业想获取业绩的持续增长，必须以顾客为中心，解决顾客的问题，满足顾客的需求，销售额和利润就是顾客用钱来投票的结果。企业有了钱，才能给员工提高薪资待遇。企业给员工提供高薪，目的是为了让员工过更好的生活，是利他的，并不是一种交易。当然，也正因为有了高薪，员工才愿意长期留在企业工作。

企业战略就是要明确如何才能解决好顾客的问题，满足好顾客的需求，企业内所有工作都要围绕这一战略来展开，这就叫做“战略对齐”。很多企业由于没有清晰的战略，给各部门设置了不同的KPI，造成各部门的工作无法对齐，产生了很多内耗。

如果战略不清晰，企业各部门就变成了“瞎子”，根本不知道要往哪里走。比如人力资源部，只有从战略上明确如何界定顾客、找到顾客、满足顾客的需求，才知道需要什么样的组织、什么样的团队、具备什么样能力的人才、应该考核员工哪方面的绩效、应该给什么样的人涨工资，等等，对应的人力资源管理工作才能顺利展开。这就是战略性的人力资源管理。根据我看到的情况，绝大多数企业的人力资源部做的都是"瞎子"的工作，它们的工作对企业的业绩影响很小，没有什么存在感，所以很多企业的HR都抱怨不被企业重视，原因就在于此。

重视原理、原则

说起做战略，有些人马上会联想到很多关于战略制定的专有名词，比如BLM业务领先模型、五看三定模型、DSTE（从战略到执行）流程，等等。这些都是市场上比较流行的模型、流程或工具，主要来自IBM、华为等优秀企业。但是，根据我的观察，绝大多数企业运用这些模型、流程或工具并没有起到特别明显的效果，很多企业甚至被其中各种复杂的逻辑绕得晕头转向。

其实，我并不建议大多数企业学习华为的战略制定方法，或者这么说，我更建议大家去理解华为的战略成功背后的规律，而不是直接套用那些固有的模型。大家请看右面这个图：

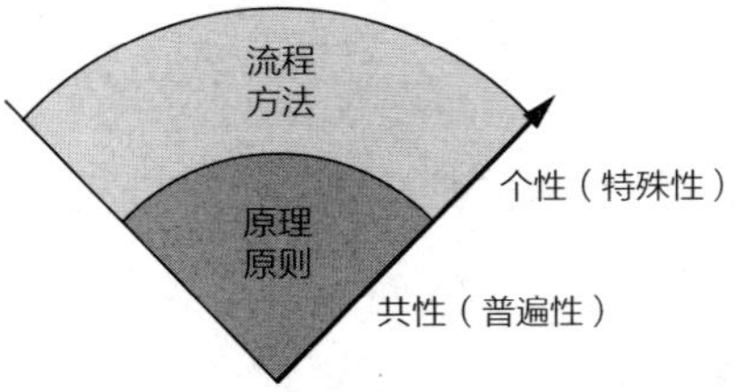

这个扇形图的上半部分是流程、方法，而下半部分是原理、原则。用毛泽东的《矛盾论》中关于"普遍性"和"特殊性"的关系来理解，上半部分的流程、方法是具有

特殊性的，而下半部分的原理、原则是具备普遍性的。当年博古、李德将苏联成功的经验直接套用在中国革命上，就犯了“教条主义”的错误，没有认识到事物的“特殊性”，导致惨痛的失败。同理，如果将华为制定战略的流程、方法直接套用在自己的企业身上，是否可行呢？你不妨仔细斟酌一下。

华为引入战略管理模型的时间是2002年，当年首先引入了美世咨询，开始探索战略管理。2005年的时候华为引入了IBM的BLM模型，也就是业务领先模型。2009年的时候，华为结合自身实践，发展出了DSTE（从战略到执行）流程。华为从2002年开始导入战略管理模型，那时华为的年销售额已经达到200多亿元，算得上是一家中大型企业了。企业规模大小决定了资源的大小，战略本质上研究的就是一个资源配置的问题，大企业和小企业在制定战略的思路上有着本质的区别。比如当年国军和红军在战略战术上就有着完全不同的思路。国军军力强盛，军备整齐，所以采取包围战、阵地战；而红军相对弱小，装备落后，所以要采取相反的策略，不与国军主力正面交锋，多打游击战和运动战。著名的“兰彻斯特战略”将企业战略明确区分为“强者的战略”和“弱者的战略”，强者的战略为“广域作战，全面压制”，而弱者的战略正好相反，为“局部作战，单点突破”。你猜猜看，像华为这样的万亿元级的企业采用的是强者的战略还是弱者的战略？答案显而易见。华为制定战略的起点是“找差距”，找到各种差距并进行弥补或缩小，意味着企业要在各方面均取得领先优势，这是典型的强者战略，要在方方面面对竞争对手形成压制。但是，实施这种战略是非常消耗资源的，中小企业的资源有限，不能分散使用，因此必须从客观上承认各种“差距”的存在，将资源牢牢聚焦于一点，只有这样才能突破瓶颈，实现快速发展。对于很多中小企业来说，不应该盲目模仿大企业的做法，而应该在理解原理、原则的基础上，结合企业的实际情况灵活运用。

社会上大多数人的心理都比较浮躁，想要拿来就用，所以只想学流程、方法，不想学原理、原则。所谓原理、原则，其实就是事物背后的底层规律，它是具有普遍性的，适合几乎所有的企业。经营者应该重视理解和掌握制定战略的原理、原则，在此基础上活用这些客观规律来制定出适合自己企业的战略。这才是我认为比较靠谱的做法。

选择与集中

对于制定战略来说，有一些揭示其本质性的原理、原则。其中最重要的一条就是：选择与集中。所谓选择，就是选择进攻方向，可以是一个方向，也可以是多个，取决于企业的资源有多少。集中就是指集中投入资源。所以，选择与集中就是要我们选择明确的方向，然后在所选择的方向上集中投入资源。

作为企业的经营者，一定要明白一个道理，想要突破业绩瓶颈，必须依靠资源的大量投入。很多经营者没有这个意识，他们以为业绩的突破靠的是员工的聪明才智，靠的是员工拼命努力和超越常态的发挥，所以他们才把绝大多数精力放在员工激励上。真实情况是，员工的努力只是一个基础条件，光靠这个是远远不够的，想要实现重大的业绩突破必须靠资源的投入。从战略上来看，只要资源投入足够，理论上没有克服不了的障碍。比如，出行服务行业以前的主力是出租车，后来优步、滴滴等网约车企业靠着天量的补贴切入市场，结果一夜之间就颠覆了整个行业的生态。所谓“大力出奇迹”，就是资源投入的力量。

很多企业之所以发展缓慢，本质上是因为资源配置出现了问题。第一，没有进行市场的选择或没有选到正确的方向；第二，没有在选定的方向上集中投入充足的资源，也就是资源投入不足。以上这两点都需要经营者做出正确的决策。

2007年的时候，我在广州蓝月亮公司担任高管，那时候国内的洗衣液市场还是一片空白。蓝月亮率先抓住了这个市场的机会。当时日化产品主要以线下销售为主，线上渠道还不成熟。正赶上家乐福、沃尔玛等大型连锁超市快速扩张线下门店，蓝月亮在这些连锁超市门店大量投入导购员，短短一两年间蓝月亮全国导购员队伍就从3000多人扩张到1万多人。这些导购员经过培训进入卖场以后，几乎全部投入到洗衣液的销售中，要知道，当时蓝月亮的产品一共有30多种，而当时只选择了在洗衣液这一个单品上进行投入。为了快速占领全国洗衣液市场，蓝月亮还出2亿元巨资签约了正当红的世界跳水冠军郭晶晶来做代言。在这样的高投入下，蓝月亮迅速打开了市场，洗衣液市场占有率最高达到32.7%，成为洗衣液全国销量第一的品牌。到2013年，蓝月亮年营收达到43亿元，比2007年翻了10倍多，年复合增长率接近50%。2014年，蓝月亮洗衣液在中国市场的销售额超过了宝洁和联合利华两家外资巨头的总和。

企业在市场上打不开局面，主要是因为资源投入不足，如果你能比竞争对手多投入2~3倍，甚至5~6倍的资源，再大的阻碍都可以解决。这个在华为叫做“范弗里特弹药量”或“饱和攻击”。为什么你做不到“饱和攻击”呢？原因很简单，因为没有聚焦，想要的太多，资源都分散了。蓝月亮把所有资源全都砸在洗衣液这一个单品上，而不是进行平均分配，这是它在战略上取得成功的最主要原因。

请你思考一个问题：同时做十件事情的人，跟只专注做一件事情的人，谁更容易成功？

答案是不是显而易见？当然是只专注做一件事情的人更容易成功。但问题是，很多企业的老板明明知道这一点，但在行动上却不是这样的。

我前段时间跟一个制造业的老板聊天，他告诉我他们公司有个制造部门的总监前几年辞职出去创业，做跟他们公司一样的产品，现在发展速度很快，规模已经快要赶超上来了。他有点焦虑，说对方的产品成本确实比他们公司控制得更好。我了解情况之后，跟这个老板说，那当然，人家只做一两种产品，你做十几种，你的成本当然拼不过人家。如果你也只做一两种产品的话，他根本不是你的对手。

很多人明明知道专注与聚焦的重要性，却在实际行动上干着完全相反的事情，这不能不说是一种遗憾。

战略的本质就是选择与集中。选择方向，集中资源投入，则大事可成。所以，选择要少，要精炼，如果选择多了，自然就不能聚焦资源，发展就变慢了。聚焦才会产生力量。

如果你把一张纸放在阳光下，哪怕放一整天，都不会有什么动静。但是如果你用放大镜把阳光聚焦在纸张上的某一点上，不到1分钟，纸就会燃烧起来。这就是聚焦之后的威力。企业经营跟这个是一模一样的道理。你的摊子铺得太大，资源又不能支撑，发展必然会受阻。很多企业学习华为的战略管理，更多的是陷入各种繁琐的流程细节中。我看到很多企业模仿华为的流程做出来的战略就是一锅“大杂烩”，根本找不着清晰的重点，这样的战略怎么可能会有好的结果？在我看来，华为的战略管理最成功之处在于把握了战略制定最根本的原理原则：**抓住主要矛盾，集中投入资源，进行饱和攻击**。而这一点，绝大多数企业完全没有学习到。你一定要记住，中小企业的资源有限，一定要把资源“用在刀刃上”。还记得前面讲过的两个案例吗？那个五金制品企业的战略，是将战略焦点牢牢锁定在“通过设备开发降低成本”上，连续开发了三代自动化设备，最终实现成本的大幅削减；同样，那个水产养殖企业，是将战略焦点牢牢锁定在“大幅提升单亩鱼塘产量”上，通过连续几年的不懈努力，最终让单亩鱼塘的产量几乎翻了一倍，同时也实现了企业业绩的翻倍。你看看，这样的战略是不是都非常清晰？中小企业由于资源有限，必须把战略聚焦到一个点上，才算是合格的战略。如果你的战略有很多个焦点或者完全看不出焦点在哪里，那大概率是有问题的。

集中优势兵力打歼灭战

很多老板对“资源”这个东西没有概念。可以这么说，资源投入的多少很大程度上直接决定了战略成功的概率。有些老板怪员工能力不足，没有把自己的战略落实好，其实你反过来想想，如果你真的一定要把战略落地，为什么不在人力资源上加大投入呢？比如招聘更多能力强的员工。你不那样做只有两种可能的原因，要么你认为你的战略实际上并没有那么重要，不值得投入那么多的资源；要么你想做的事情太多了，根本没有那么多的资源去投入。无论哪一种情况，都说明你的战略有问题。

根据我多年以来的经验，我可以告诉你这么一个结论：**战略不会卡在执行上，因为执行是靠资源的投入来保证的**。用华为的语言来说，叫做“饱和攻击”。无论遇到多大的阻力，只要投入足够多的资源实施“饱和攻击”，基本上都是能克服的。你做不到“饱和攻击”的原因只有一个：你的战略不聚焦，导致资源分散了。

孙子兵法有云：故用兵之法，十则围之，五则攻之，倍则分之，敌则能战之，少则能逃之，不若则能避之。什么意思呢？“十则围之”，就是说如果你有十倍于敌人的兵力，你就可以打包围战，围歼敌人；“五则攻之”，如果你有五倍于敌人的兵力，就可以去进攻敌人；“倍则分之”，如果你的兵力是敌人的两倍，最好是把敌人分割成几段，一段一段地吃掉；“敌则能战之”，如果双方的兵力差不多，撞上了我也可以一战，不会输给他。但是如果让我提前筹划怎么打，我一定不会用相等的兵力去跟他打，我要研究怎么形成优势兵力，再跟他打。所以毛主席说，要集中优势兵力打歼灭战，就是这个意思。“少则能逃之”，如果我们的兵力比敌人还少，那就赶紧跑。所以毛主席说，打得赢就打，打不赢就跑。赶紧跑，不丢人。最后，“不若则能避之”，如果跟对方兵力差距比较大，那不能等对方发现了再跑，要早早就躲得远远的，不让敌人发现我在哪儿。

从上面这些内容可以看出，孙子兵法讲的不是如何以少胜多的方法，而是如何以多胜少的方法。我们很多人总是幻想着以少胜多，花小钱办大事，四两拨千斤，这都是一厢情愿，属于很小概率的事情，通常是行不通的。

所以，当老板的，一定要对“资源”这个东西有概念。你想做大的创新和变革，一定是要投入资源的，投入的资源越多，成功的可能性越高，投入的资源越少，越是难以成功。你不能总依靠员工发挥超凡的智慧和能力，这是不现实的。我前面就跟大家讲过，我以前在本田工作的时候，绝大多数企业内的改善和创新都是要花钱的，即便是削减成本的项目，通常也是先花钱，先投入，然后才能降低成本的。

根据我的经验，战略落实不下去，最大的可能是战略本身有问题。想干的事情太多，分散了资源。

提升市场占有率

很多企业规模不大，也就是每年几亿元的销售额，却有好多事业。每个事业都要发展，就要争夺企业有限的资源。最后的结果是，每个事业都发展得很缓慢。这样的例子我见得特别多。

为什么会形成这样的状态呢？我用一个图来说明其中的原因。

下页图中列举了A、B、C三个不同的市场，每个市场中都存在着容易搞定的顾客、难搞定的顾客，以及介于容易和困难之间的顾客，这个跟我们现实的情况是完全吻合的。刚开始的时候，企业只在A市场中打拼，所以只有一个事业。很快，A市场中容易搞定的顾客都被企业拿下了，这个时候你会发现，如果还想进一步在A市场中深耕，获取顾客的难度就比以前提高了很多。这个时候你会怎么办呢？对了，想办法进入B市场，在B市场中继续获取顾客，这样企业就产生了第二个事业。同样地，又过了一段时间，B市场中容易搞定的顾客也被你拿下了，想要在B市场中继续深耕也变得困难了，这个时候你就会进入C市场，于是第三个事业又诞生了。这是绝大多数企业发展的路径。当企业在原有市场中遇到阻碍的时候，不是想办法克服困难，提升能力，对原有市场进行深度开发，而是绕开困难，寻找其他的市场机会。这样做虽然短期的确有可能快速获取业绩，但是从长期来看，原本只有一个事业，现在却变成了三个，三个事业要同时发展，资源的投入就会显得不足，企业的发展就会趋于停滞。

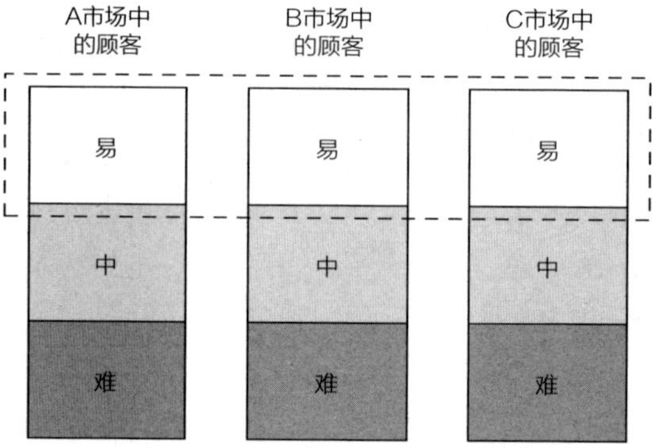

正确的做法是优先考虑往纵深发展，继续提高原有市场的占有率。因为只有这样做，资源才能聚焦。原有事业的推进虽然遇到了困难，但是只要资源投入足够，就能克服困难继续向前。往纵深发展的重要意义在于，能够有效地提高企业的市场竞争力。你在一个市场中占有率达到40%，跟在三个市场中都只有5%以下的占有率，哪一个更有竞争力？当然是前者。如果单一市场占有率能达到70%，这个市场基本上就是你说了算。但是占有率只有5%以下的市场，你随时都可能被竞争对手挤出去。另一方面，因为你要往纵深发展，就意味着你必须满足那些难搞的顾客的需求，企业员工的能力成长就会很明显。如果企业只做容易做的事情，你可以想象，像市场营销、技术研发等岗位的员工都很难成长，企业也很难形成自己的核心技术。这也正是为什么很多企业都培养不出人才的原因，也是很多经营者很难理解内驱力的原因，因为在大多数企业，员工的成长都非常缓慢甚至停滞，在这样的情况下，员工对工作的乐趣和成就感根本不可能产生。为什么华为能够培养出那么多优秀的人才？因为华为做市场就是纵深开发的思路。你有没有听过一句话：华为过后，寸草不生？

所以，对于中小企业来说，无论你现在有多少个事业，必须首先明确一个核心事业，以便于集中投入资源来发展。先把核心事业做到一个较高的市场占有率水平，建立起一定的竞争优势，然后再延展这个竞争优势，发展其他的事业。当核心事业发展起来之后，你就会有更充足的资金、人才和核心技术，这样开发新的事业也就变得更容易了。这就是中小企业最有可能成功的发展路径。

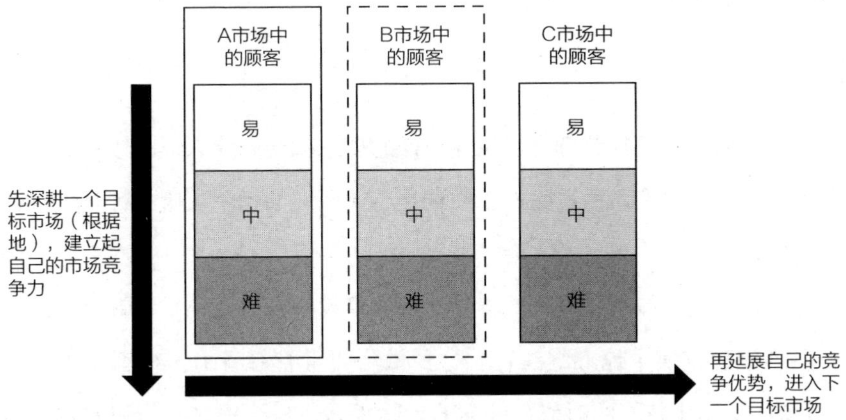

华为最初的事业是向网络运营商提供电信设备和解决方案，华为把这个事业做到了全球第一。在此基础上，又开发了企业业务和消费者业务这两个事业。任正非曾经这样描述华为的战略：

> 企业最大的战略就是活下去。企业为了生存下去，必须有一块坚不可摧的根据地——“打不死的小强”业务。当企业还没有一个“打不死的小强”业务，就很难形成有规模的营业收入和获取利润及现金流——无法形成自身造血的机制，这也就意味着新的“风口”机会的成功率非常低。因为开发新的市场机会，需要新的资源投入。通过引入外部风险投资对新的市场机会不断“烧钱”，这种模式不可持续。而“打不死的小强”业务是企业经过激烈的市场竞争之后形成的核心竞争力的重要体现。

想学习华为的战略要从原理、原则的角度来理解和活用，不要直接模仿华为制定战略的模型和流程，否则就会犯教条主义的错误，走向不正确的方向。

游牧民族和农耕民族

战略的背后是经营理念，有什么样的理念就会有什么样的战略。从经营理念出发主要有两种思路：第一种是游牧民族的思路，第二种是农耕民族的思路。

游牧民族的特点是每天端着猎枪到处寻找猎物，看到猎物就打一枪，找不到猎物就换个地方继续找。这种做法非常省心省力，特别是在外部“市场环境”比较好的时候，外面的猎物很多，机会很多，作为游牧民族就会活得很好。但是，当外部“市场环境”变得不好的时候，游牧民族的苦日子就来了。因为外面的猎物变得越来越少，经常打不到猎物，如果这种“市场环境”长期延续下去，游牧民族就会遭受灭顶之灾。可以说，绝大多数企业的经营思路都是游牧民族的思路。当市场环境变得艰难时，很多企业的业绩就会急剧萎缩，企业的生存变得岌岌可危。

跟游牧民族相对应的是农耕民族。农耕民族不会到处去打猎，而是先建立自己的“根据地”，围绕着自己的根据地长期深耕。由于长期在同一个地方深耕，慢慢就总结出在这个地方高效耕种的经验和技术，这些经验和技术不断地积累，就发展成了“文明”。所以，四大文明古国都是农耕民族。按照农耕民族的特点进行经营的企业会首先明确自己的根据地，也就是“想要进攻的市场”，围绕着这个市场不断地提高市场占有率。要实现这个目的，就必须深度挖掘这个市场的客户需求，反复改良自己的产品和服务，和其他竞争对手形成较为明显的差异化。它不会轻易地介入其他市场，除非已经将自己的根据地彻底地夯实，才会有计划地进入下一个市场。

从经营理念的角度来定义，游牧民族就是“市场机会主义者”，这样的企业是“以机会为中心”的，背后的出发点是利己的。而农耕民族是“顾客问题解决专家”，能够给顾客提供差异化的产品和服务，深度解决顾客的问题，这样的企业是“以顾客为中心”的，背后的出发点是利他的。孰优孰劣，大家不妨去思考一下。

不理解制定战略背后的原理、原则，根本制定不出好的战略。如果采用游牧民族的经营思路，企业资源很容易分散，难以聚焦；相反，如果采用农耕民族的经营思路，资源投入就会非常聚焦。另外，如果采用游牧民族的经营思路，企业只关心机会的获取，只会向员工要业绩，其他的基本不关心。但如果采用农耕民族的经营思路，企业更关心相应的能力和技术是否建立，否则无法满足顾客的高要求。我曾经在短视频中看到胖东来在调改永辉超市和步步高超市的时候，于东来走到超市中销售食用小米的堆头旁边，用手抓起一把小米仔细看了看，问旁边超市的主管：你知道全国的小米哪里的最好吃吗？对方愣住了，半天回答不上来。他当然回答不上来，因为他压根就不研究这个问题，这个问题是顾客关心的问题，却不是他关心的问题。他关心的问题是哪家小米供应商愿意出更高的费用来买下这个堆头，哪家供应商提供的合同条件更好。除此之外，所有小米都是一样的。

企业内部存在的很多问题，其本质都是战略的问题，其根源则是经营理念的问题。

做自己擅长的事

前面我们讲过，人不能做到超出其能力范围之外的事情。对于企业也是一样，企业也不能做到超出其竞争力范围之外的事情。所以企业的战略必须有利于加强企业的竞争力，而不是削弱。当企业成为“市场机会主义者”的时候，往往会被机会所困，反而使得竞争力被不断削弱。

我有个广东的客户，原有的事业是做羽绒材料，就是生产羽绒制品（羽绒被、羽绒服等）里面的填充料，早期他们的产品主要供给国外的客户。后来有个欧洲的客户跟他们说，你们的羽绒填充料质量不错，要不直接帮我们代工做羽绒制品吧。我的客户觉得这是个机会，于是成立了羽绒制品事业部，建立了相关的生产线，开始做羽绒制品的生产。做了羽绒制品之后，我的客户又想：既然我有能力做羽绒制品，为什么不直接贴自己的牌子去卖呢？这样就能进一步扩大销售额了。基于这个想法，他又成立了羽绒品牌事业部，甚至在当地开设了直营门店，开始销售自己的羽绒制品。这样，企业原本只有一个事业，现在变成了三个事业。

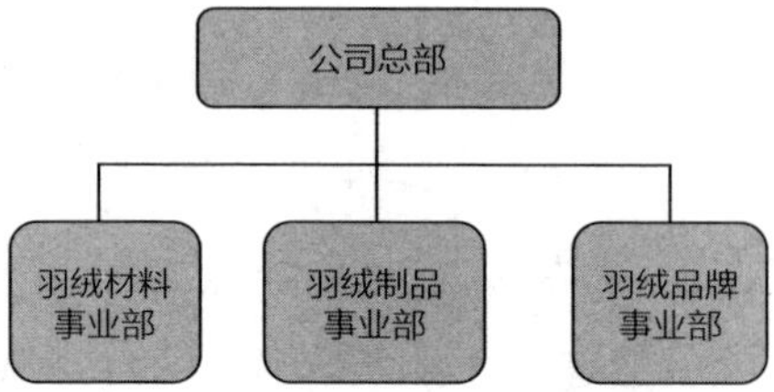

我的客户原本以为三个事业能帮助他扩大销售额，谁知道并没有这么简单。羽绒制品事业部

虽然规模有一定的扩大，但是因为要不断地投入设备和人力，毛利很低，并没有赚到什么钱。同时，由于缺乏销售渠道，这个事业的规模很难进一步扩大。关键是，这个事业跟企业原有的客户产生直接的竞争关系，反而造成了原有事业的订单损失。另外，羽绒品牌事业部的投入也很大，且由于品牌知名度很低，开设的门店门可罗雀，因此一直在亏损。你看，原本是为了获取更多的市场机会才开发了新事业，结果事与愿违，不仅没有赚到更多的钱，反而还亏了不少，甚至还拖累了原有事业的发展。

其实我这个客户最大的问题，就是违背了制定战略的原理原则，使得企业的市场竞争力不断被削弱。企业原本是以制造为中心的，其核心能力应该围绕着产品技术或工艺技术来建立并加强。原有事业是做羽绒材料的，羽绒材料主要是通过设备来生产的，但是羽绒制品的生产则是典型的劳动密集型作业，很显然，这不是企业所擅长的。自从建立羽绒制品事业部以来，企业的员工人数不断攀升，但是人效却不断下降。我笑着问这个老板说："你想从设备密集型企业转型为劳动密集型企业吗？"老板一听，脸色瞬间就变了。很显然，他之前压根没想过这个问题，现在才意识到问题所在。至于羽绒品牌事业部的成立则更加不合理，羽绒材料事业是TOB的事业，而羽绒品牌事业则是直接面向消费者（TOC）的事业，两个事业所需要的能力完全不同。在企业的年销售额只有4000万元左右的情况下，根本无力去开发建立一个消费类品牌，所以羽绒品牌事业是注定不可能成功的。

后来，这个老板按照我的建议进行了调整。首先砍掉了羽绒品牌事业。然后，羽绒制品事业按照"生产部二部"的建制来定位，撤销原有的事业部建制，只接现有客户的订单，不再主动扩大规模。最后，把其他所有资源调集到原有的羽绒材料事业这里，深度挖掘客户潜在需求，集中资源研发新产品，并在营销上加大投入，进行饱和攻击，结果不出意料，仅仅3年左右，这家企业的年销售额从原来的4000万元左右，快速增长到接近2亿元的水平。

战略的目的是构筑企业的竞争力，而业绩提升只是竞争力构筑起来之后的自然结果。千万不要把结果当成目标，否则一定会被结果反噬。企业应当构建什么样的竞争力？简单来说就是要实现“差异化竞争”，否则企业很难避免内卷和价格竞争，也谈不上持续稳定的成长发展。**这种差异化的竞争力可以用一句话来表述：顾客难以忽视，竞争对手难以模仿**。你看华为是否具备这样的竞争力？答案是肯定的。再看胖东来呢？答案也是肯定的。最后，你不妨再审视一下自己的企业，看看自己的企业是否具备这样的竞争力呢？如果没有，那就说明企业缺乏战略或者战略走错了方向。

很多中小企业不重视战略，实际上是因为不了解制定和实施战略的目的。有一次我和一个老板讨论问题，他一听到“战略”这个词就立马摇头摆手，说：“我们公司不追求盲目扩张。”在他眼里，“战略”就是盲目扩张的代名词，难怪很多中小企业都认为自己不需要战略，把战略看成大企业才需要考虑的事情。也因此，很多企业对战略的思考单纯是放在“如何抓住更多市场机会”上，这是对战略产生了很偏颇的理解。很显然，战略并不是“盲目扩张”，战略甚至都不意味着“扩张”，如果企业的资源摊得太散，其战略甚至要进行一定程度的收缩。战略的核心目的是把企业的市场竞争力构筑起来，确保企业在激烈的市场竞争中健康稳定地发展。从这个角度看，你觉得战略对中小企业来说重要吗？

做到逻辑自洽

战略要做到什么程度才算合格呢？至少要做到逻辑自洽。

我曾经问一家企业的老板，我说你们的战略做好了吗？能够确保明年的业绩目标实现吗？他说：我们的战略已经在内部讨论了很多遍，已经很清晰了。我让他把做好的战略发给我看，我才发现，原来他所理解的“战略很清晰”其实是指“已经把各部门的KPI都定好了”，很显然，这个老板依然是成果主义的思维。他觉得KPI都有人扛了，这就算战略清晰了，对他来说，他就安心了。不得不说，这是典型的掩耳盗铃。

我看了很多企业的战略，绝大多数都不怎么靠谱。用“逻辑自洽”的标准来检验，你会发现其战略根本经不起逻辑推敲。上述这家企业的老板把他们反复讨论研究后的“战略地图”和经过整理后的KPI清单发给我，我仔细一看，果然完全无法做到逻辑自洽。

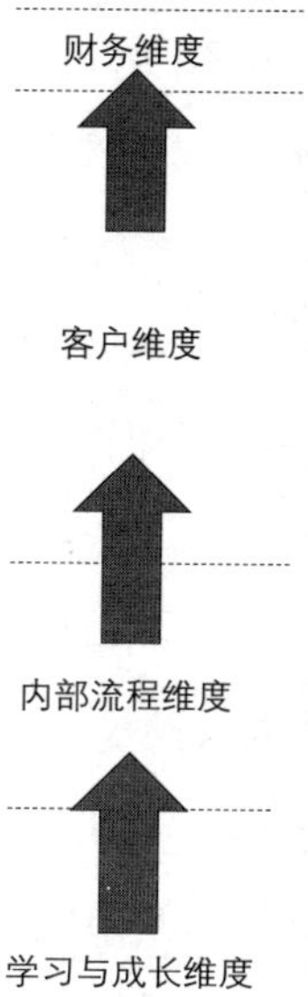

序号	关键指标		单位	目标值	目标定义/衡量标准	考核周期	权重
1	利润		万元	1,900	销售收入－费用	年	30%
2	销售额		万元	40,000	产品销售价格×产品销售数量	年	10%
3	提升客户满意度	交货准时率	%	93	按客戶订单要求计算出货完成率，用按时完成订单數量除以订单总数，以SAP数据为准	年	5%
		旧产品订单周期	天	30	旧产品：客户下单日期至生产入仓日期，对比2021年减少10%（2021年为33天），以SAP数据为准	年	5%
		新产品订单周期	天	45	新产品：客户下单日期至生产入仓日期，以SAP数据为准	年	5%
		质量控制	分	630	对比2022年（制品200分，海绵500分）下降10%	年	5%
		内部顾客满意度	分	80	SIT/HH满意度均达80%以上，依客户调查回复为基准	年	5%
4	增加现金流		天	58	减少现金流量周期（库存天数＋应收天数－应付天数）减少10%，按每月平均值累计	年	10%
5	全面成本控制	降本增效金额	万元	400	1. 缩减固定薪 2. 消耗呆滞物料100万 3. 海绵降本200万 4. 切割提升1%出材率	年	10%
6	人才计划		项	1	建立重点人才储备名单，制定培养及轮岗的行动计划，9月完成	年	5%
	内部训练		H	2108	通过内部培训机制，建立学习型企业。职员级及以上人员人均培训16小时/年（以实际人数为准，目前暂定130人×16H=2080H）；经理级及以上进行2次2小时授课（包括但不限于部门内部或公司内部（7人×4H=28H）	年	5%
7	节能减排		项	2	1. 能源管理“2MWh市电储能”项目 2. 太阳能光伏发电二期	年	5%

这个KPI清单其实就是按照平衡记分卡的四个维度来进行罗列的。平衡计分卡一共有四个维度，分别是财务维度、客户维度、内部流程维度以及学习与成长维度。这四个维度构成了一定的支撑关系。例如财务维度是靠客户维度来支撑的，这很容易理解，因为无论是销售额还是利润，最终

都是要靠客户买单才能实现的。所以，只有解决了客户维度的问题，才能实现财务维度的指标。这一点也充分说明了想通过员工激励来提高业绩的做法是错误的，你想想看，你怎么激励员工跟客户有什么关系呢？客户会因为你搞了什么激励制度就增加购买吗？显然不可能。其次，客户维度是靠内部流程维度来支撑的。流程本质上就是方法，想解决客户维度的问题，就必须在方法和流程上创新。这跟我们本书所讲的逻辑是高度一致的。最后，内部流程维度又是靠学习与成长维度来支撑的。因为新的方法和流程你现在肯定是不会的，必须通过学习与成长来掌握。平衡记分卡的四个维度之间是相互关联的，有着层层递进的逻辑联系。

了解了平衡记分卡的内在逻辑，我们来看上面的这个 KPI 清单。在财务维度，企业设定了销售额和利润指标，在客户维度，设定了客户满意度的指标，里面的细项主要包括交货准时率和质量方面的指标，按照平衡计分卡的内在逻辑，企业的想法是，客户只要满意了，销售额和利润目标就能实现。这样想有没有道理呢？可能你一想也觉得有一定的道理，但实际上这里面的逻辑是经不起推敲的。首先，客户满意了，就一定会增加购买量吗？购买量取决于需求，假如我很满意你的产品和服务，但是我没有需求了，我就不会再购买。这个道理很简单。比如你对华为手机很满意，但是会因此就购买很多台吗？不会吧？除非你真的有需要。还有人说，假如客户真的还有需求呢？是不是我的逻辑就可以成立了？假如客户真的还有需求，但是如果你的竞争对手有很强的营销能力，与客户之间建立了比你更加扎实的客情关系，客户的订单也不一定轮得到你。你无非就是在订单准交率和产品质量方面有所改善而已，客户的投诉可能会变少，但这样就一定会增加购买吗？很显然这个逻辑非常的脆弱。

然后再看内部流程维度，企业的指标是增加现金流和控制成本，这样的指标能够支撑起客户维度的指标实现吗？增加现金流和控制成本，似乎与交货准时率和产品质量之间没有什么直接的联系，甚至“控制成本”

与“提高产品质量”之间还有一定的冲突，又怎么会有支撑关系呢？显然没有。

最后，是学习与成长维度。人才计划和内部培训能支撑内部流程维度的指标吗？能支撑增加现金流和控制成本的指标吗？显然，这两者看上去似乎也没有什么必然的联系。

因此，这些指标完全是独立存在的，没有相互支撑的逻辑关系，其实都是拍脑袋做出来的，只是机械地按照平衡计分卡的四个维度制定出来的KPI大杂烩。如果你把这张表格理解为什么战略地图，那恐怕太有点掩耳盗铃了。请记住，战略一定是一个因果逻辑清晰的“故事”，而不是一堆经不起推敲的KPI指标或工作任务清单。

这样做最大的问题，就是会造成企业资源的分散，完全无法聚焦。你想想看，这么多的指标，如果都要完成，每个指标所分得的资源是很少的。就算企业很有钱，但人的精力和时间总是有限的，一年时间很快就会过去，到时候就会发现年初设定的所有指标，真正有所改善的很少，甚至几乎没有。很多企业，都像这样日复一日、年复一年地运转着，若干年都没有太大的进步。你想想自己的企业，是不是这样？注意，我指的进步不是指业绩，业绩可能会随着外部市场的变化产生波动，但是有没有建立技术上的壁垒，市场竞争力有没有明显超越同行呢？我想很多企业都没有。

很多老板认为：我有好的战略，但是落不了地，这是执行的问题，是员工的问题。真的是这样吗？就好像你找一个医生看病，他给你开了一副药，你吃完药后没治好病，你去质问医生，医生说是因为你的体质不适合他的药，他的药本来很对症，没问题的，主要是你自己的问题。你能认同医生的说法吗？当然不可能认同。他开药的时候本来就应该先弄清你的体质情况啊。同样地，**一个能落地的战略才是好战略**，不能落地的战略你凭什么认为它好呢？所以不能把问题都推到员工身上。事实上，在我所接触到的经营者里面，绝大多数都会有“我的战略本身很好但无法落地”的想法，当我认真研究分析企业的现状之后，发现事情跟这些经营者的想法不同，企业的问题无一例外都出现在战略本身。

有一句话是："实践是检验真理的唯一标准"。你必须学会从实践中学习。战略执行不下去或执行不到位，本身就是一种结果的反馈，反映了"战略很难落地"的现实。换句话说可能更清楚：企业的资源匹配不了这样的战略。除非你能解决资源不足的问题，否则你的战略必须进行调整。

第六章

CHAPTER 6

目标管理工具OKR

管理创造性工作

企业的战略要能够被执行，首先需要做到“透明化”，也就是要让相关的人都能看得见。我经常听有些老板说“我们企业的战略很清晰”，但当我跟他下面的一些中高层一聊，发现几乎没人能说清楚企业的战略到底是什么，这就是因为老板没有把战略很好地表达出来。战略要明确地表达出来，还要进一步解码，最终变成员工可以具体执行的任务。这就需要用到一个目标管理工具——OKR。

OKR这个工具的底层逻辑是什么呢？还记得前面提到过的“绩效鱼骨图”吧？

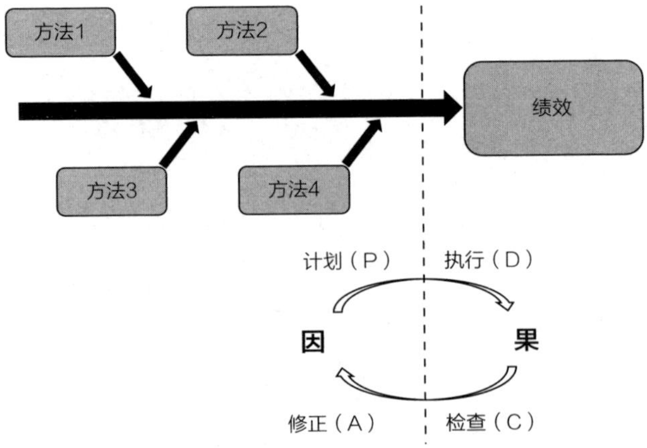

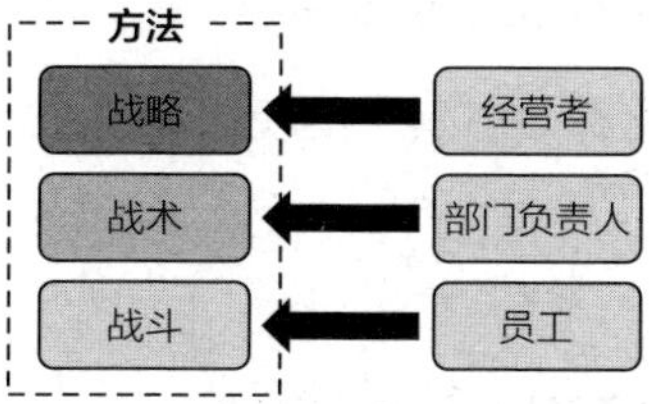

我们前面讲过：方法定绩效。想要提高绩效，必须优化方法。有什么样的方法，就会带来什么样的绩效。因此，方法与绩效之间就构成了因果关系。想得到好的结果，并不是只要盯着结果就行，更不要以为只要考核这个结果就能得到这个结果，而是要把功夫花在“因”上，把大量的时间和精力放在研究方法上。同时，我们也讲了，方法包含三个层次：战略、战术和战斗。因此，无论是经营者、部门负责人还是员工都需要在不同层次上去研究方法。

对于企业来说，你是重视对因的管理，还是强调考核结果，这本身就是一种价值观的选择，不同的价值观选择，会带来完全不同的管理方式。如果你想在企业内推行OKR，首先必须改变价值观，否则毫无意义。这也是为什么当下很多企业推行OKR失败的主要原因。

OKR和KPI有什么区别？如果从“绩效鱼骨图”上来看，KPI只表达了“鱼头”的部分，没有“鱼骨”的部分；而OKR则将“鱼头”和“鱼骨”整合起来，这样非常有利于进行PDCA管理。

这里要说明一点，OKR是用于开发和管理创造性工作的工具，那些例行的日常工作是不需要写在OKR里面的。为什么呢？因为例行的日常工作，所能创造的绩效是很明确的，没必要花时间研究其中的因果关系。比如你用常规的运动方法就能跑到13秒，这里就不需要什么OKR了。但是如果你想跑到12秒，就必须对现有的运动方法进行研究优化，这时才需要用到OKR。对于例行的日常工作，我们需要的是对其流程化和标准化。

但是我通常看到，很多企业制定的OKR，里面全是一堆日常性工作以及一些类似KPI的指标，创造性的工作却很难看见。这说明企业根本没有把创造性的工作开发出来，还是在做日常性工作。既然如此，哪怕使用了OKR，也基本没有什么作用，因为你不能用一些常规的做法去实现高目标。当然，出现这一情况背后的根源是因为战略的缺失。

结果和要因

可能有些朋友还不太了解OKR，这也不打紧，因为OKR并不复杂，我先简单地介绍一下。OKR分成两个部分：O和KR。O是目标，它是指对于实现某种理想状态的定性追求，一般不需要量化。KR是关键结果，它是衡量目标达成的定量描述，所以应该尽可能量化。

简单来说，O就是目标，但是这个目标只是定性的，比如，我想实现财富自由，这个就是你的目标，它只需要定性表述就可以了。KR是用来对O进行辅助说明的，比如实现财富自由，具体在什么时间赚到多少钱，等等，这些就是量化的，用来把O描述清楚。这样你就可以理解了吧？从形式上来看OKR就是这么简单。

O（目标）：对于实现某种理想状态的定性追求—— 一般不量化
KR（关键结果）：衡量目标达成情况的定量描述——尽可能量化

两类KR：
（1）把O所描述的内容数字化
（如何才“算”做到）
——结果类KR

（2）为O所描述的内容提供方法
（如何才“能”做到）
——要因类KR

O	大幅改善体质
KR	KR1：体重减少20斤； KR2：血压值降低20%； KR3：每天只摄入800卡路里； KR4：每天饮酒不超过50克； KR5：每天步行5公里； KR6：每天睡眠不低于8小时

而要把O描述清楚，可以有两个角度。第一个角度是“如何才算做到”，也就是把O所描述的内容数字化，这种KR可以称为结果类KR。

第二个角度是“如何才能做到”，也就是要为实现O所描述的内容提供方法，这种KR称为要因类KR。结合“绩效鱼骨图”，结果类KR就是鱼头，要因类KR就是鱼骨，它们之间是因果关系。

我们看看上面这个案例，比如O是大幅改善体质。KR有6个，你来看看，哪些是结果类KR？哪些是要因类KR？比如,KR1，体重减少20斤，它描述的是“如何才算做到”，因此KR1是结果类KR。同理，KR2，血压值降低20%，是不是也是结果类KR呢？是的。再看，KR3是每天只摄入800卡路里，这个描述的是“如何才能做到”，它是在为O提供方法，所以，KR3是要因类KR。同理，KR4、KR5、KR6都是要因类KR。

这样来表述一个OKR，有什么好处呢？好处就是当我们在做计划的时候，可以把数字目标和方法放在一起。放在一起又有什么好处呢？第一，我们在制定计划的时候，就会知道，不能只制定数字目标，还必须有方法；第二，我们可以直接研究这个OKR，看看里面的方法与数字目标之间是否真的存在因果关系，如果在逻辑上说不通，那就说明方法有问题，我们就可以及时去调整方法。这就是OKR的好处。

研究两个简单的OKR

接下来我带你研究几个OKR，看看这些OKR制定得怎么样。第一个是某销售总监制定的OKR。

它的O是大幅提高业务员的成交率。其实O只要能够表达清晰就可以了，所以这个O是没问题的。然后，再看，KR1是业务员的平均成交率提高50%，请问这是结果类KR，还是要因类KR？显然是用来衡量O的，所以它是结果类KR。再看KR2，100%的业务员都参加周度总结例会，请问这是结果类KR还是要因类KR？它是实现O的方法，对吧？所以是要因类KR。最后是KR3，业务员日报表完成率不低于90%，这和KR2一样，是要因类KR。

某销售总监的OKR

O	大幅提高业务员的成交率。
KR	KR1：业务员的平均成交率提高50%； KR2：100%的业务员都参加周度总结例会； KR3：业务员日报表完成率不低于90%

好了，那这个OKR制定得有没有问题呢？当然有。根据你的经验，假设KR2和KR3都做到了，能实现KR1吗？显然，这中间缺乏清晰的逻辑关系，我们就算用最常规的逻辑来推敲，也能大致判断，业务员的成交率要提高，显然是跟他所掌握的销售技巧、产品知识和沟通方式等有关系，而他是不是参加周度例会、有没有完成日报表，对于成交率的影响有多大呢？没有太大的关系。所以，要依靠KR2和KR3所描述的方法来达成目标，显然是不可行的。所以，如果一个销售总监提交这样的计划给你，你相信他能达成目标吗？你唯一能做的就是打回去，让他重新修改。

接下来我们再研究一个某人力资源总监的OKR。

某人力资源总监的OKR

O	大幅提高人均效率
KR	KR1：人均效率提高10%； KR2：建立各岗位任职模型； KR3：建立各部门工作流程，实现工作流程标准化； KR4：升级现有的ERP系统

O是大幅提高人均效率，这个没问题。KR1是人均效率要提高10%，这是结果类KR。KR2是建立各岗位任职模型，KR3是建立各部门工作流程，实现工作流程标准化，KR4是升级现有的ERP系统。很显然，后面3

个KR都是要因类KR。那么这个OKR有没有问题呢？看一个OKR有没有问题，主要是看它的要因类KR能否支撑结果类KR的实现。这个案例可能比刚刚那个案例难一点，后者很容易通过简单的经验性判断就能发现问题。

我们可以从后面这3个要因类KR来看制定者的思路。制定者的大致思路就是，想要提高人均效率，就必须把职责梳理清楚，把流程梳理清楚，加强信息化建设。这种想法貌似挺有道理的，但是这种思考的主观性太强了，缺乏客观性。我们必须首先搞清楚人均效率的计算公式，即人均效率等于销售额除以总人数。

从这个公式来看，想要提高人均效率，要么提高销售额，要么降低总人数。考虑到这是一个人力资源总监的OKR，那么他的主要精力应该放在减少总人数上。那么，他制定的3个要因类KR能不能减少总人数呢？答案是不确定。有人说职责和流程梳理清楚了就能减少总人数，这是你的主观想象，有没有可能梳理完了发现还需要增加人员呢？或者说落实这几项工作本身就需要额外增加人手呢？比如升级ERP系统会不会需要先增加几名IT人员呢？完全有可能。所以，这个OKR制定的思路完全不对，它应该直接从减少总人数的角度去找方法，看看哪里有机会减少人数以及用什么样的方法来减少人数，而不是一上来就主观地认为要梳理职责和流程。只有按照客观理性的方式来思考，才有可能实现目标。

而且，这3个要因类KR还有一个相同的问题，就是它们都没有量化。其实，很多时候你做不到量化，原因就在于你的思路很主观。如果思路是“减人”，那么要减掉多少人是不是就很容易量化？而且在这里结果类的KR是“人效提高10%”，那要减掉多少人才能达成这个目标，是不是也可以提前进行测算？所以你看，思路真的很重要，思路错了，你离目标就会越来越远。

当然，这个OKR还有一个问题，就是像“人效”这样的指标是否能直接扔给HR部门来承担，这是需要思考的。因为要提高“人效”，只有两个方向，要么提高销售额，要么减少总人数。对于HR部门的人来说，销售额他们很难直接影响，唯一的抓手只能是减人。而是不是应该“减人”，这必须由企业的整体战略来考虑，因为减人的负面影响是比较大的。企业不能因为“人效”里面有个“人”字，就觉得必须由HR部门来扛着。强化企业对战略的思考才是真正需要加强的事情。

用OKR来研究战略

看了上面两个案例，你对OKR的使用方法是不是有了更深的理解？接下来，我给你上点强度。这个案例对你来说就不是那么容易的了。这是一个美容院老板的OKR。老板的OKR就是战略。

背景：
美容院业绩下滑→员工收入减少→员工大量流失→新员工技能不熟练→顾客投诉增多→业绩进一步下滑，形成恶性循环

某美容院老板的OKR

O	大幅提高美容院的销售额
KR	KR1：下年度销售额同比提升50%； KR2：拓客团队从10人增加到15人； KR3：增加3名操作技能培训老师； KR4：将员工保底工资提高20%

在研究这个OKR之前，先看一下相关的背景。背景是这个美容院业绩下滑，员工收入减少了，因为员工很多都是拿提成的。收入减少之后就

出现了大量员工的流失，员工流失之后，只能找新员工来代替，大量新员工操作技能肯定不熟练，于是顾客投诉又增多，业绩进一步下滑，如此形成了恶性循环。

美容院的老板为了改变现状，制定了下一年度的战略，并写出了OKR。O是大幅提高美容院的销售额。KR1是下年度销售额同比提升50%，这个是结果类KR，没什么问题。后面三个KR很显然都是要因类KR，有没有问题呢？我们一个个来看一下。

KR2是拓客团队从10人增加到15人。这个对策的逻辑是什么呢？很显然，业绩不是下滑了吗？那不就应该大力拓展新客来增加业绩吗？看起来好像没问题，但是你要研究一下。你看这个KR，说把拓客团队从10人增加到15人。也就是说，这个拓客团队过去就存在，有10个人。请记住，所有过去做过的事情，都可以复盘，过去这10个人的拓客团队的工作效果是不是可以通过数据来分析一下？比如你拓100个新客进来，最终能留下几个，能产生多少业绩？现在你把拓客团队从10人增加到15人，也就是增加了50%，那么这项工作的效果是不是可以简单推算出来？然后，再跟你的结果类KR对比一下，看看能不能达成，不就知道这个要因类KR到底行不行了吗？从我们的一般经验来看，如果是线下拓客团队，大家都知道现在线下拓客应该是很难的，拓进来100个新客可能留下的就几个，所以就算把拓客团队增加50%的人手，对于业绩增长恐怕也是杯水车薪。

再看KR3，增加3名操作技能培训老师。这个可以吗？新员工技能不足，就增加培训老师，看起来好像很对，但是你想想看，操作技能的培训周期是多长？至少要1～2个月吧？这还只是基本上手，如果要达到熟练水平，可能要3～4个月。而且就算用3～4个月来培训新员工，那他们的手法能比过去的老员工好吗？以前老员工在的时候，顾客都已经在流失了，现在就算你把新员工培训得再好，对业绩提升又能有多大作用呢？而且，你再想想看，顾客会因为你的操作技能比以前好了，就大量涌进店里来消费吗？有些人可能对此没什么概念。你想想看，这就好像你的产品质量不错，就一定能卖得好吗？不一定吧？你别忘了，你的结果类KR可是要让销售额同比提升50%。

最后，再看KR4，将员工保底工资提高20%。很显然，老板想用这种方法降低流失率。看上去也没错。但问题就在于，就算用这种方法真的降低了流失率，最多也就是能稳住业绩不继续往下掉，能大幅提升业绩吗？大概率不能。背后的道理跟上面的KR3是类似的。

所以，这些对策看上去挺有逻辑，但只要仔细推敲，认真复盘，就会发现都不太靠谱。而且更要命的是，这些对策大概率不能提高业绩，却一定会增加成本。你仔细看看，这三个要因类KR是不是都会增加成本，甚至还会增加不少？本来业绩就已经不好了，还要大幅增加成本，而业绩却难以保证得到明显改善，你说问题大不大？所以说，凭经验的、随意的决策会害死企业。

如何才能做到真正有逻辑的思考呢？最好的办法就是借助公式。比如想提高门店的销售额，那就思考：销售额跟什么有关？你可以把销售额分解为下面这个公式：

销售额 = 进店顾客数 × 成交转化率 × 客单价

很显然，根据上面这个公式，你的对策要么就是提高进店顾客数，要么想办法提高成交转化率，要么提高客单价。你应该从这些方面去想办法。其实，对于这个公式还有很多分析方法，比如进店顾客数还可以等于"老顾客数+新顾客数"，你是重点提升老顾客数，还是新顾客数呢？那你要想想，让老顾客复购和开发新顾客，哪个成本更低，效果更好？答案应该是老顾客。而老顾客数还可以再等于"经常消费的活跃老顾客+很少消费的不活跃老顾客"，你重点提升哪一部分呢？

销售额 = 进店顾客数 × 成交转化率 × 客单价

= (进店老顾客数 + 进店新顾客数) × 成交转化率 × 客单价

= [(进店活跃老顾客数 + 进店不活跃老顾客数) + 进店新顾客数] × 成交转化率 × 客单价

你看，要分析起来，就可以变得很细。分析得越细，越容易看到机会。分析得越粗，越看不到机会。可能有人会说，要把OKR制定好看来不容易。的确是这样的，很多企业之所以在这方面比较弱，最大的原因是企业把时间和精力都放在“折腾人”上，真正做事的时候反而很“粗糙”，缺乏细致的研究和分析。这样的企业业绩怎么可能好？怎么可能培养出人才呢？所以，经营者不要再整天研究如何让员工拼命工作，如何让员工比你更操心，说句不好听的，就算员工比你更操心，又能怎么样呢？业绩能增长多少？你只要明白了这一点，就意味着企业已经走在了正确的方向上。

聚焦重点

OKR不仅能用于研究和管理创造性工作，还能更好地进行“聚焦”，这一特点使它成为一个比KPI更好用的战略管理工具。OKR是如何做到聚焦的呢？你对比一下下面这个KPI和这个OKR。

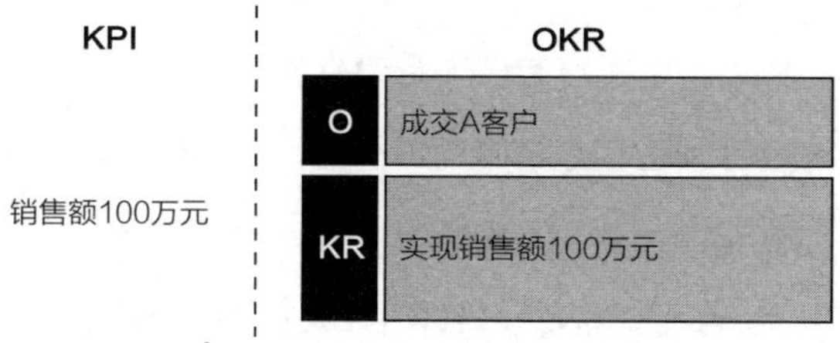

你觉得这个KPI和这个OKR表达的意思是类似的吗？我们先看左边这个KPI，是销售额要做到100万元。一般来说，承担这个KPI的员工会先找A顾客进行销售，如果销售不成功，他会怎么做呢？他大概率会去找B顾客进行销售，如果还是拿不下，他会再去找C顾客，以此类推，总之，他会持续地寻找顾客，直到完成100万元的销售额目标。这样做的逻辑是：尽可能找容易销售的顾客进行销售，遇到比较难销售的顾客就绕开走。在市场环境比较好的时候，这样做是没毛病的，因为容易销售的顾客比较多。但是当市场环境比较差的时候，你会发现容易销售的顾客越来越少了。这个时候，如果一遇到较难销售的顾客就绕开走，想达成销售额目标就会变得很困难。这就是很多企业当下的现状。所以，当市场环境好的时候，由于竞争压力不大，企业就算没有战略也感受不到问题。然而，一旦市场环境变差，没有战略的企业就会立刻陷入困境。这个时候，企业就需要尽快明确战略。**战略就是要你去做相对难一点的事情，通过做难的事情把市场竞争力给建立起来**。

你再看右边的OKR。O（目标）是“成交A顾客”，KR是“实现销售额100万”。这个OKR跟刚才的KPI最大的区别就是：目标不同了。现在这个OKR的目标是“成交A顾客”，而不是“实现销售额100万元”。“实现销售额100万元”只是作为这个O的一个KR，准确地说是结果类KR。当然，为了简化问题，我没有给这个O添加要因类KR，这一点你先忽略就好了。承接这个OKR的员工会怎么做呢？因为他的目标是“成交A顾客”，必须在A顾客身上达成这100万元销售额。所以他只能向A顾客发起进攻。第一次销售如果不成功，接下来怎么办呢？接下来就进行总结复盘，也就是推动PDCA循环，然后进行第二次销售，第二次销售可能使A顾客提高了对我们的信任度，向成功迈进了一步，然后再次总结复盘，进行第三次销售，继续将A顾客向成交的方向推动，以此类推，直到最终成交A顾客，实现100万元销售额。在整个OKR完成的过程中，员工的努力一直牢牢地聚焦在“成交A顾客”这个方向上，员工的工作是持续性的，直到攻克难关。而KPI则是不聚焦的，不断变换进攻方向，遇到困难就绕开，工作没有持续性。你想想看，哪种工作模式对员工的能力成长更有利呢？答案是OKR。

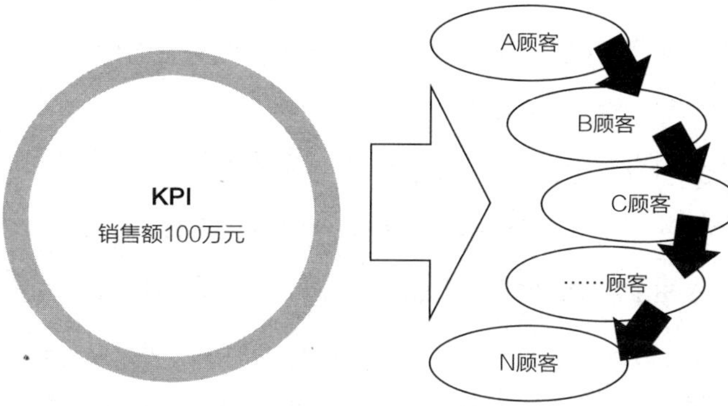

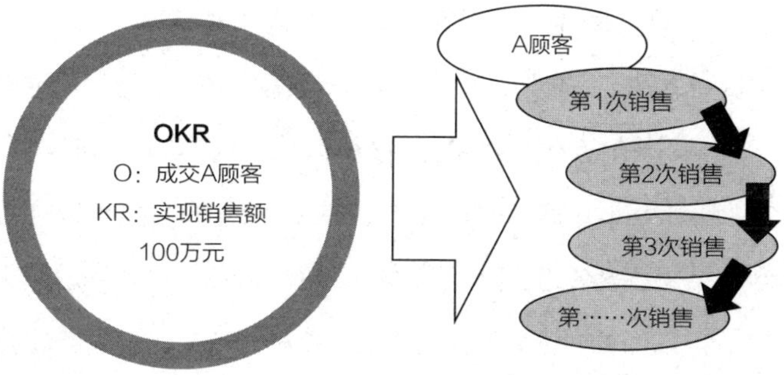

你再想想看，能不能把上述这个OKR的O换成“A类顾客”，或者是“A市场的顾客”，甚至换成“A产品的市场占有率”？这样不就跟企业的战略直接挂起钩来了吗？很多企业也有想开发某个市场的战略企图，但是一直落实不下去，原因就是员工的工作没有真正聚焦在这个方向上，他们的工作都是围绕着指标和数字在进行。看到这里，你应该知道怎么做了吧？

用过程确保结果

针对OKR这个目标管理工具更详细的使用指南，本书就不再细说了，有兴趣的读者可以去看我写的《OKR这样做才有效》这本书。OKR是当下比较流行的目标管理工具，但是针对OKR的应用有很多争议和误解。有的说OKR只适合于互联网或者是研发型企业，还有的说OKR只适合那些企业文化自由开放的企业，还有的认为推行OKR就一定要同时导入相关的信息系统，等等。接下来我对这些问题进行一定的解释和澄清。

首先你要知道，OKR是一个目标管理工具。既然是目标管理工具，那它的主要目的就是达成目标。从这个角度讲，没有任何企业不需要OKR。

那有的人会说，我不是有KPI吗？是的，你是有KPI。但是KPI这个东西，它有很大的局限性，它最大的问题就是“滞后性”。比如说，去年底的时候你给销售部门定个KPI，今年必须实现5000万元的销售额，然后再给销售部门绑定相应的激励或奖惩政策，希望销售部门能努力达成这个KPI。结果到了今年年底，才实现了3000万元，你当然可以惩罚销售部门，但问题是结果已经产生了，已经没办法改变了。就算你惩罚了销售部门，除了让销售部门的员工产生更多的抱怨情绪之外，没有任何意义。在这个过程中，从员工到公司，没有任何人得到好处。问题出在哪里呢？就出在这个KPI是一个滞后性的指标，当你看到这个指标完成结果的时候它已经是一个确定值，已经没法改变了。

我们不仅不考核各店利润，我们也不考核营业额和餐饮业经常用的一些KPI，如单客消费额等。因为这些指标也是结果性指标。如果一个管理者非要等这些结果出来才知道生意好坏，那黄花菜不早就凉了？这就等于治理江河污染，你不治污染源头，总在下游搞什么检测、过滤、除污泥，有什么用？

——黄铁鹰《海底捞你学不会》

所以，把KPI作为目标管理的工具是有很大缺陷的，这个工具缺乏过程管理。当然，很多企业用KPI的目的就是为了让员工去扛责任，压根也没想过做什么过程管理。问题是过程没管好，结果怎么可能好呢？因此，我们需要一个能够实现过程管理的工具，OKR就应运而生了。

我还是以这个销售额指标为例。比如去年你的销售额做了3000万元，今年想做到5000万元，你有没有想过你凭什么能够做到5000万元呢？有人说，想办法让员工努力啊，靠激励政策啊。这就有点想当然了。我们前面也讲过，光靠努力不能提高业绩。如果靠员工努力就能实现5000万元销售额的话，为什么去年员工不努力呢？去年努力的话，去年不就能实现5000万元销售额了吗？不用等到今年啊。有人又说，去年已经很努力了，但是希望今年能更努力。这显然有点强词夺理了。光靠努力是不能实现高目标的，你努力了，别人难道不努力吗？企业在市场上是要参与竞争的，除非你提高竞争力，否则你不可能实现越来越高的业绩目标。要提高竞争力，就必须创新，比如通过创新开发更好的新产品，通过创新提高现有产品的品质，降低产品成本，通过创新提高销售团队的销售能力，提高品牌力，等等。只有做了这些创新，你才有把握实现5000万元的业绩。那这些创新想要落到实处，就必须被管理，被跟进，用什么样的工具能够做好这件事呢？就是OKR。所以，OKR之所以是一个很好的目标管理工具，是因为采用OKR能够实现过程管理，能够把创新的工作管理好，提高企业的竞争力。它解决了KPI滞后性的问题。

那OKR是如何做到过程管理的呢？就是PDCA循环，也就是计划、执行、检查、修正。PDCA循环是对创新工作的闭环管理。所以OKR和

PDCA循环实际上是一个组合，如果你推行OKR，却不理解PDCA循环，那是一定做不好的。这说明你不了解OKR的本质是过程管理这个底层逻辑。

我举个具体的例子吧。比如你是企业经营者，想要大幅改善某个经营指标，你将这个任务交给某个管理者（如某个中层干部）去完成。过去我们通常的做法是将这个指标直接扣在这个管理者头上，让他去扛这个指标。但是当我们学会使用OKR时，我们就不会这么做了。因为“要大幅改善”，意味着这是一个有挑战性的目标，要实现这样的目标是不容易的，必须通过PDCA循环来进行过程管理。如果已经明确了要大幅改善某个经营指标（例如提升50%），那么O和结果类KR都可以很容易描述出来，难点是要因类KR，也就是必须找到能够实现目标的具体方法。管理者可以先尝试自己研究并制定出相应的要因类KR，然后将完整的OKR提交给经营者进行审核。经营者看到管理者提交的OKR之后，大致理解了管理者达成目标的思路。这个时候，如果经营者有不同的意见，可以与管理者进行沟通和讨论，甚至可以组织其他管理者一同开会，进行讨论。最后，将达成一致的OKR确定下来，计划（P）的环节就完成了。

过去实施KPI的时候，管理者独自扛指标，单打独斗，而实施OKR的时候，从计划环节开始，就融入组织的力量、集体的智慧。这不仅有利于培养人才，同时也最大限度地确保了目标的达成。接下来，管理者必须彻底落实OKR中的方法对策。在落实的过程中，需要进行周度跟进，及时发现问题，及时解决。这就是执行（D）的环节。计划做得好不好，在执行环节中能得到直接体现，如果在计划环节随意敷衍了事，到了执行环节就会困难重重，可能一开始就执行不下去，所以，在计划环节进行充分的讨论和研究是很重要且必要的。

执行结束后，结果就会呈现出来。如果当初制定的目标没有达成（例如，目标是提升50%，实际只提升了30%），大家很关心一个问题：这个管理者应不应该承担责任呢？答案是不应该。为什么呢？因为这个管理者已经尽了自己最大的努力落实了对策。有人会说，那如果他当初制定的对策不够充分呢？可是，当初在制定计划的时候，是整个组织充分讨论确定的，也就是说，即便是制定的对策有问题，整个组织已经“全力以赴”了。因此，让管理者对结果承担责任毫无意义，只会打击管理者的积极性。这就是为什么OKR不对“数字目标”进行直接考核的原因。如果直接考核“数字目标”，员工会极力抵制设定高目标，而不是全身心投入到挑战高目标的过程中，于组织和员工个人而言都毫无益处。这个时候，唯一能做的也是最有价值的事，就是进行充分有效的复盘，找出进一步优化和改进的地方，为下一步努力找到更好的对策。这就是检查（C）和修正（A）的环节。

关于OKR的真相

那说回来，为什么很多人认为OKR更适合互联网企业或者研发型企业呢？那是因为这些企业更注重创新啊，OKR本来就是管理创新的工具。但问题是传统企业难道不需要创新吗？如果你想把业绩从3000万元做到5000万元，不需要创新吗？当然是需要的呀。创新不单纯是产品创新、技术创新，还包括管理创新、战略创新。所以，你一定要明白，任何企业都需要创新，跟行业没有关系。从某种程度上说，传统企业更需要创新，特别是那些想突破业绩瓶颈的企业。只要有创新就可以使用OKR，因为OKR是管理创新、落实创新的工具。

那为什么还有些人说，OKR只适合那些企业文化自由开放的企业呢？因为很多人认为OKR的特点是自下而上，就是让员工自己提出想实现的目标，说这样可以提高员工的自驱力。这种说法完全是一种曲解。自下而上充其量只是一种对OKR的活用，或者说是一种补充。OKR的主体推行方向还是自上而下的。你想想看，员工自己会去主动创新吗？员工知道往哪个方向去创新吗？让员工自己去创新，最多只能实现微创新，对企业业绩的影响是很小的。真正重大的创新，一定是企业主导的战略创新。所以，OKR是用来承接战略和解码战略的工具。也就是说，明年要实现5000万元的销售额，首先必须由企业提出相应的战略，然后用OKR将企业的战略透明化，并且分解下去，让各部门和员工的目标跟企业的战略对齐。这个过程主要都是自上而下的，它跟企业有没有自由开放的文化没有关系。

很多人对自驱力的理解很狭隘，认为让员工自己提出目标就会提高自驱力，因为自己提出的目标自己更有动力去实现。这种人完全没有生活的常识，很多人都会给自己提出目标，最后都实现了吗？比如很多人想减肥，也提出了减肥的目标，但是最终结果怎么样呢？只要遇到一点困难和阻碍，很快就放弃了。所以让员工自下而上地提出目标，根本就不会带来自驱力，就算有，也是及其微弱的。自驱力的产生主要是因为员工对工作产生了兴趣和成就感。

所以，作为企业的老板，如果你推行OKR是冲着自驱力去的，想让员工自己努力把工作做好，说明你还没有脱离KPI的逻辑，还是想用OKR来“折腾人”。在你看来，KPI和OKR的唯一差别，就是KPI要考核，有强制性，还跟员工收入挂钩，会让员工不爽。而OKR会让员工变得更加主动，更有自驱力，能自己把工作做好。我告诉你，这完全是一种误解，只要你有这样的想法，推行OKR必然失败。因为你不理解，OKR不是用来调动员工积极性的工具，它跟KPI不一样，它是用来落地战略的过程管理工具。OKR只是工具，起辅助作用的。如果战略本身有问题，即便推行OKR也不会有好的结果。所以，推行OKR不是向员工提出要求，而是向老板提出要求。也就是说，明年要实现5000万元的销售额，主要靠的不是员工的自驱力，主要靠的是老板的战略。老板的战略不行，这5000万元销售额就实现不了。所以，老板要把时间花在对战略的思考上，用OKR把战略进行详细地拆解，确保战略能正确地制定和实施。这才是推行OKR的核心价值所在。

很多企业战略都没有弄明白，就开始推行OKR，逼着下面的员工去写OKR，结果员工根本写不出来，最后搞得怨声载道。你要记住一句话，如果你非要用OKR来“折腾人”，那也是用来折腾老板的。理解了这句话，你再去推行OKR。

至于还有人认为推行OKR就必须导入信息系统，这种说法就更加不着边际了。主要是因为早期市场上有些做信息化软件的咨询机构为了卖它的软件，强行将OKR和信息化绑定在一起进行宣传，把大家的节奏给带偏了，让很多人形成了思维定势。其实OKR和信息化根本是风马牛不相及的两件事。特别对于广大中小企业来说，根本没必要导入OKR的信息化系统。这个我就不多说了。

另外，由于OKR最早是从谷歌传入中国的，更多人了解OKR是因为字节跳动率先推行了OKR并取得了较好的效果，很多企业就想直接模仿谷歌或字节跳动推行OKR，其实这样做是徒劳无功的。因为OKR仅仅是一个战略解码和战略管理的工具，实施OKR的成功主要来自企业战略的成功。如果一个企业没有制定出很好的战略，仅仅是推行OKR是没有多大价值的。OKR的发明者是英特尔前首席执行官安迪·格鲁夫，他在20世纪60年代就开始在英特尔全面推行OKR，可以说是推行OKR的鼻祖，但是现在的英特尔呢，已经陷入严重的危机，2024年已经开始亏损，被曾经的老对手英伟达和AMD远远抛在身后。其原因并非是英特尔的OKR推行得不好，而是因为战略上的失误。你可以自行搜索网络上的评论文章。所以，不理解背后的原理，只是盲目模仿其他企业的做法是豪无意义的。你想模仿谷歌或字节跳动，你跟它们的行业一样吗？规模一样吗？战略一样吗？这些都不一样，为什么要模仿？

企业如果想推行OKR，只要在理解其原理原则的基础上结合企业实际加以运用就好了。就像很多企业都推行KPI，但并不是每家企业KPI都做得一模一样，OKR也是一样的道理。其实，类似OKR这样的工具很多企业都在运用，比如我2004年还在本田工作的时候，企业已经在使用和OKR非常类似的工具了，如下图所示。

目标・实施对策	管理项目	完成基准
<目标>提高冲压工序的生产效率	生产效率	提高12%
<施策>提高冲压设备的生产速度	提高率	10%
~重点生产线试验	实施率	90%
~成果水平展开	实施率	90%

你认真看看，是不是和OKR很相似？其实，日本企业很多都是不做KPI考核的，它们实施的叫做方针管理，所运用的工具就如上图所示。方针即战略，所以方针管理的实施思路跟本书所讲的原理是基本一致的，跟谷歌等欧美企业所采用的OKR工作法，其原理也是一致的，只是叫了不同的名称。

第七章

CHAPTER 7

把战略转化为年度计划

先胜后战

《孙子兵法》里面讲，想要打胜仗，必须做到“先胜后战”。怎么理解“先胜后战”呢？大家看《三国演义》，诸葛亮在跟关羽、张飞、赵云等人交待完战略部署之后，就转过头去跟刘备说：主公，我们可以准备庆功宴了。为什么仗还没开打，就可以准备庆功宴了呢？那是因为诸葛亮早已成竹在胸。他的计划逻辑完整，思路清晰，把每个环节算得非常清楚，只要按照这个计划彻底执行，获胜就是大概率的事情。所以，《孙子兵法》里面讲：夫未战而庙算胜者，得算多也；未战而庙算不胜者，得算少也。意思是说，打仗之前，如果认真做了计划，而且按照计划中的逻辑进行推演，发现成功的概率很大，当真的上战场的时候，获胜的概率就会很大；如果在打仗之前没有认真做计划，或者按照计划推演，看不到成功的逻辑在哪里，当真打起仗来的时候，获胜的概率就会很低。

我老家是四川的，四川人特别爱打麻将。我回老家的时候，从来不敢跟那些亲戚朋友们打麻将。因为他们个个都是高手，跟他们打大概率会输得很惨。为什么说他们是麻将高手呢？因为他们能算牌，而且能算得很精确，你手上有什么牌，你可能会胡什么牌，台面上还剩什么牌，他能给你算得大差不差，总之，整个盘面被他算得很通透，而我不懂怎么算牌，完全是浑浑噩噩的，走一步算一步，不输才怪。

很多企业在推进每一年的经营的时候，其实就是浑浑噩噩的。很多企业表面上做了所谓的年度计划，其实那都不叫计划，很多企业的年度计划，其实只是在分配KPI指标和确定激励政策而已，这些根本就不是计划。计划的重点不是指标，也不是奖惩规则或激励政策，而是具体的工作项目和内容。简单来说，计划的重点就是，你到底要做什么事情来达成目标。这些事情应该是一些创造性的工作，而且必须跟要达成的目标之间有明确的逻辑对应关系，否则你没办法检验这些事情是否正确有效，没办法进行PDCA循环。所以，OKR是一个很好的用来做计划的工具，因为它能把要因和结果关联起来。

战略落地的四个层次

企业的战略要落地，必须进行解码，变成具体的行动计划，否则战略就是飘在天上的。战略从“天上”落到“地上”，需要经过四个层次。

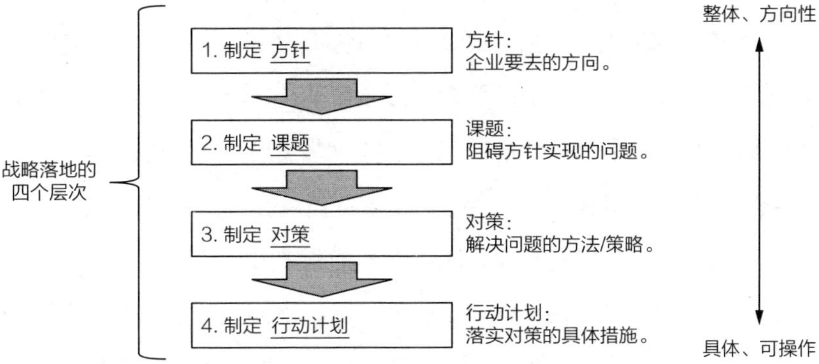

第一个层次叫做方针，方针就是方向和指针，是指企业要去的方向，它是相对宏观的。做老板的一般喜欢指点江山、激扬文字，方针一般就是

由老板来明确的。比如，老板说，明年我们的产品要打入华南市场，这就是一个方针。再比如，明年我们要在东北地区大规模开店，这也是一个方针。但是光有方针，还比较空洞，完全看不到能够实现的机会。

因此，接下来就要向下明确课题。也就是说，我们的产品要打入华南市场，难道一点阻碍都没有吗？我们明年要在东北大规模开店，难道一点阻碍都没有吗？如果没有，那说明目标定低了，如果是高目标就一定有阻碍。那好，请把阻碍找出来，这个阻碍就是你要解决的课题。所以，课题就是阻碍方针实现的问题。比如明年要打入华南市场，但是我们的产品在华南地区完全没有品牌认知度，如何解决这个问题，这就是一个课题。另外，明年要在东北大规模开店，我们的人才数量匹配不了，那好，这又是一个待解决的课题。方针是由老板来明确的，那么课题该由谁来明确呢？说实话，没有硬性的标准，从培养人才的角度来讲，可以让部门负责人来思考，但是老板必须进行决策和拍板。如果你的部门负责人能力不够，那也只能由老板发挥主要作用了。特别是中小企业，往往都是这样的情况。

课题之下就是对策，既然有了课题，就必须解决课题。要解决课题，就必须找到正确的对策。对策，就是解决课题的具体方法和策略。对策应该由谁来负责制定呢？理论上应该由部门负责人来制定。但这仅仅是在理论上，特别是中小企业，资源非常有限。如果只是给与部门负责人常规的资源，却要他解决有挑战性的课题，你觉得现实吗？很多老板会说，我只负责给个大方向，具体的对策肯定需要各部门负责人来制定，可是实际上呢，这样做并不一定能行得通，因为中小企业受限于自身的资源，老板给的大方向最终并不一定能走得通，如果老板只是给个大方向就不管了，那就等于把难题甩给了部门负责人。这样的企业，根据我的经验来看，没有几个能做得好。你可能会说："我招你这个总监就是来解决问题的，你要是找不出对策来，要你这个总监来干什么？"这个说法听起来很有道理，其实是不对的。对于总监来说，他的能力只是为了维持现有的业务开展，也就说，企业的现有业绩水平是靠他来保证的，但是他的能力并不能保证支撑一种新的业务模式的变革。所以，如果你真的需要使用优秀的人才来支撑你的变革，那也应该先把战略彻底想清楚，然后才能知道到底需要什么样的人才，然后再寻找这样的人才来做你的总监。恰恰是因为你在没有把战略彻底思考清楚之前就去挖了人，然后又抱怨挖来的人不能解决你的问题，你说这到底是谁的问题呢？

所以，对于中小企业来说，如果真的想把战略制定好，通常需要经营者一竿子插到底，要同时把方针、课题和对策都要明确出来，否则战略往往很难落地。绝大多数企业的经营者认为自己的战略是很清晰的，其实他只是有方针，但是课题、对策和行动计划通通都不清晰，所以根本就落实不下去。

很多企业在制定战略和年度计划的时候，一味地模仿华为等大企业的做法，在我看来都是走入了误区。你要知道中小企业和大企业在资源上是完全不对等的。大企业因为资源充足，各部门负责人所能支配的预算金额也非常庞大，因此企业的整体方针通常是能被保证落实下去的。但是中小企业则完全不同，中小企业由于资源不足，必须要在方针层面进行极致的聚焦，否则往下展开时会遇到重重阻碍，最后半途夭折，这样的情况可以说比比皆是。

最后，我们回到战略制定的四个层次上来。对策之下就是行动计划，也就是根据对策列出行动的具体步骤和日程表来，行动计划就是落实对策的具体措施。通常来说，只要对策明确了，制定行动计划的难度不会太大。这个应该由部门负责人或者其下属的员工来负责。

以上四个层次的内容，就是我们制定战略计划的时候必须彻底明确的内容，只有做到这样，才能做到先胜后战。对比一下，看看我们现在的很多企业是怎么做年度计划的：大部分时间都是在做KPI分解，研究考核指标和权重，老板和员工对数字目标讨价还价，修改考核和激励制度，把员工收入和业绩绑定，让员工宣誓或立军令状，等等。问题是，这样做就能打胜仗吗？大家不妨好好思考。

从赤壁之战看战略展开

为了让大家更容易理解战略制定的四个层次的内容，我借用《三国演义》来做一个简单的说明。赤壁之战想必大家都有所了解吧？如果我们把孙刘联军作为一家企业，那么其战略目标可以明确为“取得赤壁之战的全面胜利”。为了实现这一战略目标，CEO周瑜明确了企业的战略方针：以火攻取胜。但是要实现这一战略方针会遇到一些阻碍，比如，第一，用于火攻的箭不足，因此，课题1就是造10万支箭用于火攻。第二，如果用火攻，曹军的战船会全面分散开来，这样，火攻的效果就大大削弱了，所以，课题2就是将曹军的战船用铁索全部连起来。第三，要让曹军把船全部连起来，可能会让曹军有所警觉，特别是曹军内部有两位善于水战的将领，因此课题3是杀掉曹军善于水战的将领。第四，要火攻，必须能在水面上接近曹军，不然曹军一定会派船提前拦截，火攻就会失败，因此课题4就是通过诈降取得曹操的信任，这样才能有机会接近曹军。第五，火攻时江面必须吹东南风，如果吹的是西北风，不仅烧不到曹军，反而会烧到我方。这样盘算下来，想要实现火攻取胜的方针，就必须解决以上5个课题。

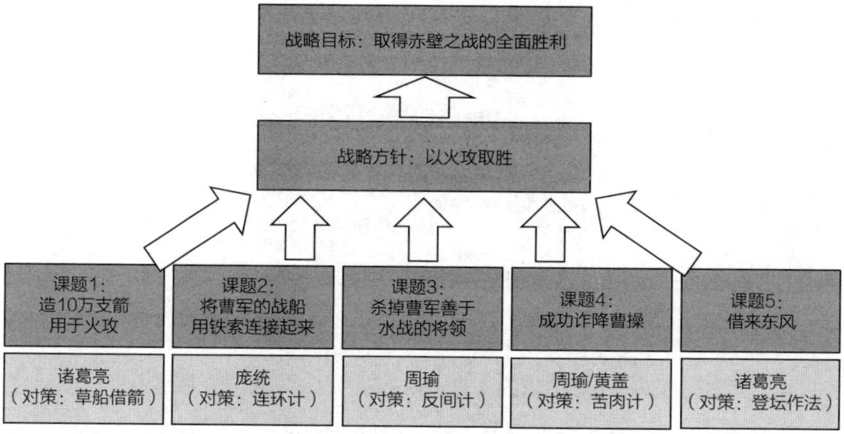

接下来这5个课题被分派给相应的负责人去解决。第一个课题由诸葛亮负责解决，诸葛亮的对策是草船借箭，借了曹操10万支箭。第二个课题由庞统负责，庞统的对策是连环计，成功说服曹操把所有战船全部用铁索连接起来。第三个课题由周瑜自己来负责，周瑜的对策是反间计，借曹操之手除掉了曹军阵中善于水战的将领。第四个课题由周瑜和黄盖共同负责，他们的对策是苦肉计，成功让曹操相信了黄盖的诈降。最后一个课题由诸葛亮负责，诸葛亮的对策是登坛作法，向上天求来东风。

对策之下，应该还有行动计划，但是行动计划通常比较简单，为了让这个案例简洁一些，我就不再继续往下延伸了。

《三国演义》的故事虽然有虚构的成分，但是我用这个案例来让大家理解战略制定的四个层次，容易让大家理解。我们实际在企业制定战略的时候，其过程跟这个案例也是非常相近的。

用OKR来制定年度计划

战略的四个层次一旦制定清楚，OKR自然也就清楚了。OKR可以用来对企业战略进行清晰的表述，是可以将战略透明化的。

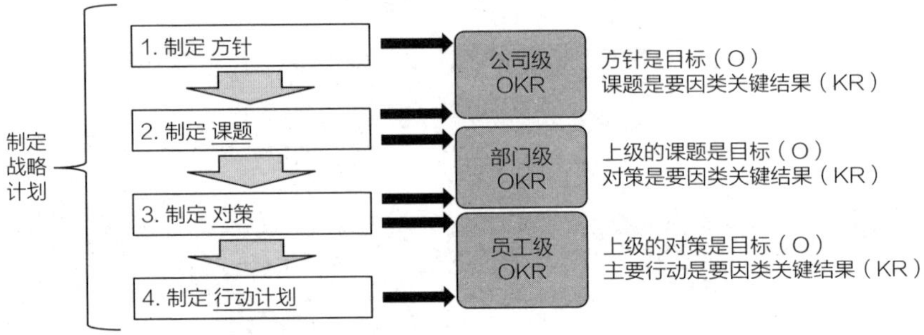

如上图所示，方针和课题构成了公司级的OKR，其中方针是O，课题是要因类KR；课题和对策构成了部门级的OKR，其中上级的课题是O，对策是要因类KR；对策和行动计划构成了员工级的OKR，其中上级的对策是O，行动计划是要因类KR。

用这样的方式，只要战略思考清楚了，各层级的OKR也就明确了。而且用这样的方式，可以保证各层级的OKR与公司的OKR是完全对齐的，所有人的工作都指向同样的方向。所谓上下同欲，才能势如破竹。

简单举个例子。我们前面不是讲过一个水产养殖公司的案例吗？下面就是该水产公司的公司级OKR。公司级的OKR，其实就是老板的OKR。

O	大幅提高单亩鱼塘的养殖量
KR	KR1：单亩鱼塘的养殖量提高50%； KR2：增加鱼塘容积60%；（工程部负责） KR3：调整投喂方式，将大密度鱼群投喂效率提高30%；（养殖片区负责） KR4：调整饲料配方，使大密度鱼群的疾病水平不高于现状；（饲料厂负责） KR5：……

这里面O就是经营者的方针：大幅提高单亩鱼塘的养殖量。有人说，就这么一句话吗？对，方针很多时候可能就是一句话。但是就这一句话决定了整个企业努力的方向，这一句话要是说错了，所有的努力可能都会白费，严重的时候可能还会要命。能够提出这一句话，不是靠老板的英明神武，而是靠对原理原则和客观规律的理解，背后还有大量客观的分析研究。

KR1是结果类KR，下面的几个要因类KR，就是课题。比如，要大幅提高单亩鱼塘的养殖量，首先要让鱼塘有足够大的容积，这个课题由工程部负责；其次，投喂方式必须调整，要提高投喂效率，这个课题由养殖片区负责。第三，饲料配方也要调整，必须控制鱼病水平，这个课题由饲料厂负责。

那部门级的OKR该怎么明确呢？对于工程部来说，O就是深挖鱼塘，增加鱼塘容积。这个O正好就是上级的KR，因为只有这样才能保证下级的工作方向与上级是一致的。结果类KR就是鱼塘容积增加60%。要因类KR就是工程部的对策，这个就需要工程部进行专业研究，然后才能提出来，我在这里就省略了。

其实你应该看到，做好这样一项工作，总的来说是很复杂的。关键就是一定要聚焦。很多企业公司级的OKR有很多个，然后再展开到部门级、员工级，OKR多到不计其数，你想想看，这么多的OKR你能管理好吗？

根据我的经验，对于中小企业来说，公司级的OKR最好只有一个，如果你想多做一些事情，可以按照半年度或者季度作为一个实施周期来运作。总之，一个周期之内，公司级的OKR最好只有一个，如果OKR太多，说明一个问题，就是经营者的战略不清晰。经营者还没有搞清楚什么事才是最重要的。一定要抓住最主要的矛盾，一个周期之内的焦点只能有一个，否则资源和精力都会分散。

方针系统图

最后，给大家展示一个工具表格，这个表格叫做方针OKR系统图。你可以用这个表格来制定企业的年度计划或者季度计划。

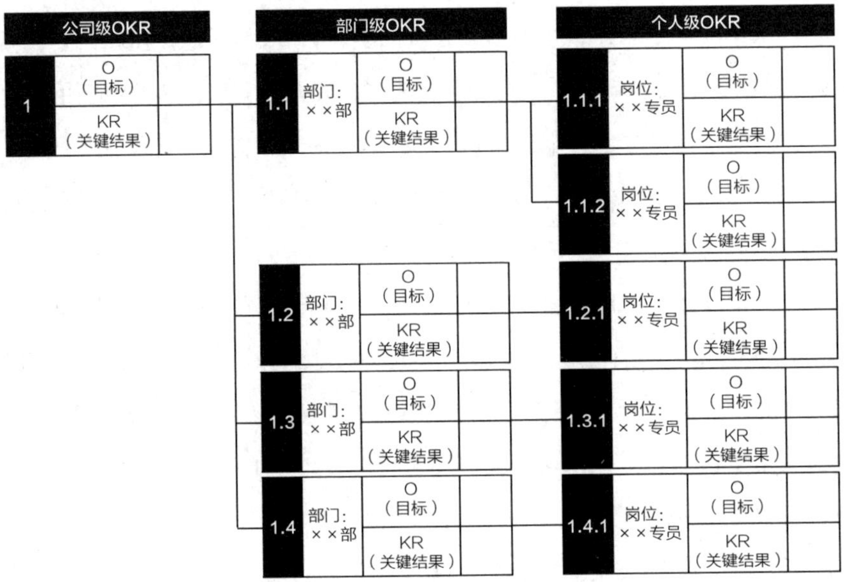

这个系统图可以表达相应的因果逻辑关系。你看，在每一个OKR的前面都有一个序号，这个序号会告诉你，这个OKR跟上一级的哪个OKR有直接的因果关系。这样做不仅有利于事前的计划，也非常便于事后的复盘。

我看到很多企业的年度计划分成两个部分，一个部分是KPI的罗列，根据平衡记分卡罗列出一大堆KPI；另一部分则是重点工作的罗列，列出一大堆企业认为重要的工作。问题是，这些重点工作和KPI之间有什么关系？如果存在因果关系的话，哪些重点工作对应哪个KPI呢？显然，这里往往没有建立起明确的因果关系。如果未来KPI没有达成，你也很难通过复盘来判断到底是什么原因造成的，与哪些重点工作的完成情况存在关联，所谓的重点工作到底是有效还是无效。

还有些企业的情况是，在年度计划中罗列出非常多的“重点工作”，最后发现，一年下来，当初所罗列的很多“重点工作”甚至根本没有开展。这可以理解，因为企业没有足够多的精力去跟踪管理所有的工作。所以，年度计划中所罗列的重点工作必须经过严谨的逻辑推敲才能最终确定，而不是仅仅凭借经验和感觉来做判断。另一方面，“重点工作”过多也说明“没有抓住主要矛盾”，因此对于方针的明确是需要重点强化的。

方针系统图很好地揭示了“目标管理”的本意。很多人会把“目标管理”与“KPI考核”直接等同起来，这是完全错误的理解。“目标管理”这个概念是由现代管理学之父彼得·德鲁克提出来的，他在其著作《管理的实践》中提到：**“并不是有了工作才有目标，而是有了目标才能确定每个人的工作”**。这句话怎么理解呢？比如经常有人问我：“杨老师，我们公司市场部的某某岗位该如何进行考核？”他的意思是，因为这个员工从事这个岗位的工作，应当对其设定绩效目标，并进行考核。很显然，这不是德鲁克所说的目标管理的本意，德鲁克的意思是“你必须先给员工建立目标，他才知道该做什么工作。”那这个目标从哪儿来呢？答案是从战略来，从公司的方针来。如果企业的战略方针不清晰、不明确，员工就不知道该干什么。很多企业的老板总是抱怨员工不够努力，认为是考核不到位或激励不足，其实这是一个伪命题。如果企业不能清晰地明确方针、课题、对策、行动计划等具体环节，员工根本就不知道该如何努力，以及该往哪个方向努力。所以，不要盲目地去搞考核或者激励，更不要将所有问题都归结于员工的积极性和动力不足，这不符合实际。但凡你有“某某岗位该如何进行考核”这样的疑问，就必须先问自己“企业的战略方针是否已经完全清晰和明确，各层级的员工是否已经清楚他们的目标，以及该如何达成他们的目标”。

方针系统图可以帮助你把战略的四个层次完全展开，从方针、课题、对策，再到行动计划。这才是真正的年度计划，不要再把分解KPI、分配绩效奖金当成年度计划了，也不要把那些与数字目标缺乏因果逻辑和对应关系的“重点工作”大量罗列出来当成年度计划。

你必须明白，制定一个正确的OKR，不是靠简单拍脑袋，背后有大量的因果逻辑思考，这意味着要做大量的分析研究和预测的工作，要把很多事情提前想得很细，这个工作很费脑力，但同时，它也很锻炼人，可以快速地培养人的能力，特别是中高层管理者。所以，创新会带动员工的成长，企业的人才就是在持续的战略创新中培养起来的。**没有战略的企业培养不出人才**。当你开始抱怨企业没有人才的时候，你不妨冷静地思考一下，问题到底出在谁身上？

如何定年度目标

制定年度计划的时候，通常会面临一个问题：年度目标该定多少？我们一直强调，战略的本质是选择与集中。很多企业之所以业绩增长乏力，是由于资源极度分散，也因此，很多企业在制定年度业绩目标的时候，因为缺乏信心，通常会制定出一些较低的目标，例如比上年增长5%或10%，如果感觉外部市场环境不好，甚至会考虑不增长，还有些企业甚至定出负增长的目标。之所以会定出这样的目标，很重要的一个原因是，企业采用KPI考核制度，员工的收入跟考核指标挂钩，如果定的目标太高，会被员工反对，甚至产生大量的负面情绪。你看，这不是很可笑吗？你采用KPI考核和奖金激励的目的原本是为了激发员工的动力去实现更高的目标，现在却反过来，为了照顾员工的情绪，害怕员工因为达不成目标被打击而制定较低的目标，这不是很矛盾吗？

如果只设定较低的增长率目标，这就意味着，企业只会在过去的“延长线”上，按照旧有的方法去努力，结果往往达不成目标；相反，如果设定了较高的增长率目标，会倒逼企业去寻找更有创新性和突破性的方法，反而一举达成目标。举个简单的例子，假设你每天走路上班需要30分钟时间，如果给你定个目标是“28分钟”，你会怎么做？肯定是走快点对吧？因为这个目标并不高，你只会对你的行为进行微调，不会有什么大的创新。这种情况下，一旦路上遇到点意外情况，恐怕28分钟的目标就未必能达成了。如果给你定的目标不是“28分钟”，而是“15分钟”呢？这样一来只是走快点就不行了，你就会思考创造性的方法，比如买台电动自行车来代替步行。企业定低目标最大的问题，就是会导致创新停滞，整个企业如果长期缺乏创新，竞争力就会弱化，员工的能力成长也会变得缓慢。当市场环境变化时，企业就会陷入困境。

对于实施了有效的方针管理和推行OKR的企业，如果企业战略真的做到了选择与集中，是完全可以考虑定出较高的年度目标的，例如比上年同期增长30%~50%，甚至更高。战略聚焦的企业往往具备更强的目标达成能力。至于员工方面，也不需要太过担心，实施OKR的企业，通常要求不将数字目标与员工收入直接挂钩，因此可以放心地制定更有挑战性的目标。讲到这里，可能你会有困惑：如果数字目标的达成不与员工收入直接挂钩，那如何确保员工的积极性呢？这个问题，我在前面已经大致讲过了，如果你还不能理解，后面我会有更详细的解释。

很多推行OKR的企业有一个误区，认为OKR的作用是让员工自己提出高目标，理由是自己提出的目标自己更愿意去实现，还把这一点跟“自驱力”联系在一起，这个我在前面已经驳斥过了。另外，让员工自己提出高目标，这对于中小企业来说并不意味着是好事。因为高目标就意味着“较大的创新力度”，也就意味着有可能需要“投入较大的资源”，而中小企业的特点恰恰是资源有限，如果鼓励员工自己提出高目标，很容易导致资源分散，最后可能得不偿失。所以，对于中小企业，一定是从公司整体层面去定高目标。公司整体层面制定了高目标，再从公司整体层面寻找达成目标的方法，集中力量办大事。只有这样，才能有效突破制约企业发展的瓶颈，实现快速发展。但是很多中小企业的经营者并不是这么思考的，他们总是希望员工能实现“自我突破”，总想通过一些激励制度来给员工“打鸡血”。很显然，他们没有搞清楚企业成长发展的内在规律。

什么时候开始“找方法”

所谓年度计划，就是同时明确年度目标和达成目标的具体方法。很多企业往往到了年底，才开始思考下一年度的计划。如果给下一年度制定出一个较高的年度目标，就意味着需要做出较大的创新才能达成。这个时候，如果这个创新还没有任何眉目，就意味着下一年度的年度计划无法完成。

举个例子，如果明年要达成较高的业绩目标，必须要有新产品来支撑，但是在制定年度计划的时候，这款新产品还完全没有眉目，甚至根本不知道要开发何种新产品，那这样的对策就不能放到年度计划中去，如果放进去了，就会对年度目标的达成产生极大的不确定性。因为这款产品到底什么时候能开发出来还是个未知数，开发出来之后的效果也完全不可预测。年度计划中必须要体现明确的、具体的方法，而不只是一些粗略的、大致的想法。

所以，当开始制定下一年度的计划时，不要到了年底才开始思考，这样做往往很难实施较大的创新，结果只能在去年工作的“延长线”上进行思考。为了达成这样的目的，只有一个办法，就是企业必须制定中长期战略。当企业明确了中长期期战略，就能基本明确未来3 ~ 5年的方针和目标，这样就能着手进行中长期的准备。比如，为了达成2026年的年度目标，相应的对策和方法就会在2025年提前展开研究，相应的资源也会提前投入，确保在2025年底之前准备就绪。同理，为了达成2027年的年度目标，相应的对策、方法和资源也会在2026年底之前准备就绪。即便不能完全准备就绪，也能给出明确的时间和效果预期，不能是一种完全混沌的状态。

		2025年	2026年	2027年
中期规划	目标（O）			
	结果类KR			
	要因类KR			

我看到很多企业制定的OKR中有这样的描述：“通过与某某部门或外部机构讨论明确对策”、“通过进行调研整理出方案”、“通过参加某项培训之后找出方法”，等等。这样的描述出现在年度计划中原则上是不行的，这些讨论、调研和培训应该提前进行，因为这些工作都是存在不确定性的，你不能确定通过讨论、调研和培训就一定能找到正确的方法，把这些工作写在年度计划里面，说明你并不清楚到底用什么方法来达成目标。这样的年度计划，很显然其有效性会大打折扣。

第八章

CHAPTER 8

高效转动PDCA循环

“找方法”的游戏

前面我讲过，OKR与KPI的一个重大区别是OKR是基于过程管理的。那过程管理究竟是如何进行的呢？这就不得不提到PDCA循环。PDCA循环分为计划、执行、检查和修正四个环节，你知道这四个环节分别是什么意思吗？有人说，字面上的意思不是已经很清楚了吗？我发现很多人学习的时候不太喜欢深究，看到一些表面的东西就自以为学到了。这叫做不求甚解，是学不到真正有价值的东西的。那我进一步追问一下：计划是指计划什么？执行是指执行什么？检查是指检查什么？修正是指修正什么？也就是这四个阶段所包含的对象是什么？我看很多人都回答不上来了吧。

我来告诉你吧。计划什么呢？计划主要包含两部分，一是数字目标，二是方法，对不对？所以用OKR可以把计划制定出来。然后是执行，执行什么呢？数字目标没办法执行，只有方法是可以执行的，所以执行就是对计划好的方法加以执行。接着是检查，检查什么呢？做计划的时候，我们明确了用某些方法来达成数字目标，我们当初是假定这些方法有效的，现在方法实施完毕了，我们就可以检查一下，当初制定的这些方法是不是真的有效。最后是修正。如果方法有效，

我们就可以将其沉淀下来，变成经验和诀窍，这就是Know-how[1]；如果无效，那就要分析原因，寻找新的方法。

看到了吗？整个PDCA循环的核心就是在干一件事情，形象地说就是在玩一个“找方法”的游戏。企业只要把PDCA循环转起来，就能不断地在各个专业领域把好的方法找出来，总结沉淀下来，变成企业的Know-how。这样，企业的目标达成能力就会越来越强。

绝大多数实施成果主义制度的企业，通常是很难有效运转PDCA循环的。因为所有人的关注点都是数字目标，也就是结果，几乎没有人关注方法，所以即便运转PDCA循环，也会变成形式主义，产生不了价值。比如，这些企业在制定计划的时候，通常只有数字目标，没有方法，开会的时候，最常问的问题是：目标和实绩之间差了多少？为什么会差这么多？焦点都在数字上。你在开会时问的最多的是不是也是这些问题？正确的问题应该是什么呢？应该是“对策和方法有没有彻底执行？执行之后的效果如何？如果效果不佳，原因是什么？这些对策和方法该如何进一步优化？”你看，如果推行PDCA循环，关注点完全不同。

PDCA循环≠试错

以前我遇到过一个老板，他问我教一些什么知识，当我提到PDCA循环时，他感到有些不解，问我，PDCA循环不就是试错吗？这有什么好教的呢？的确，如果只是试错，似乎人人都会，有什么必要教学呢？问题是，PDCA循环显然不是试错。

1　商业和工业领域中至关重要的隐性知识体系，指企业或个人在长期实践中积累的，难以被复制的专有技术和经验试错最明显的特点是这个“试”字，试的含义就是没有把握，有试试运气怎么样的意思。而PDCA循环不是靠试的，而是靠分析研究的，也就是说，做计划的时候，为了达成数字目标，所提出来的方法一定是要有客观依据的。比如你问销售总监，今年5个亿的业绩目标打算怎么完成？他回答说，我打算这样这样做。你问他为什么要这样做。他说，不知道，先试试呗。你觉得这样的销售总监靠谱吗？

请务必记住，**PDCA循环绝对不是试错，而是想办法做到尽可能不错**，所以员工在制定计划的时候一定要提供相关的证据，说明为什么要这样做。这些计划和证据必须经过多次研讨，必要时还要反复修改。我们前面讲过，数字目标与方法之间必须建立起明确的因果逻辑关系。这种因果逻辑关系必须是严谨的、客观的、经得起推敲的。试错就是碰运气，碰对了就能拿到结果，碰不对就碰一鼻子灰。试错的的时候更多的是凭经验和感觉，缺乏分析研究，因此很难在数字目标与方法之间建立明确的因果逻辑关系。试错的人脑子里经常会蹦出一些想法，然后立刻付诸行动，但你问他为什么要这么做时，他却说不出理由。这就意味着如果这次行动失败，他很可能找不到失败的原因，只能再次盲目地进行新的试错。很显然，对于这样的人来说，PDCA循环是很难有效运转的。

PDCA循环有一个重要的特点，就是每一次循环都要上一个台阶。你有没有想过，到底是什么在上台阶呢？我给大家举个例子，比如，某公司前年业绩是1000万元，去年业绩是2000万元，今年业绩是3000万元，这是不是在上台阶呢？很多人肯定说是的，这不明显是在上台阶吗？可是你想过吗？有没有可能明年又跌回2000万元，后年再跌回1000万元呢？当然有可能。这说明你的关注点还是一直都放在结果上，没有因果思维。如果今年上了台阶，明年又随时会跌下来，那这样的台阶上不上又有多大意义呢？ PDCA循环的价值体现在哪里呢？

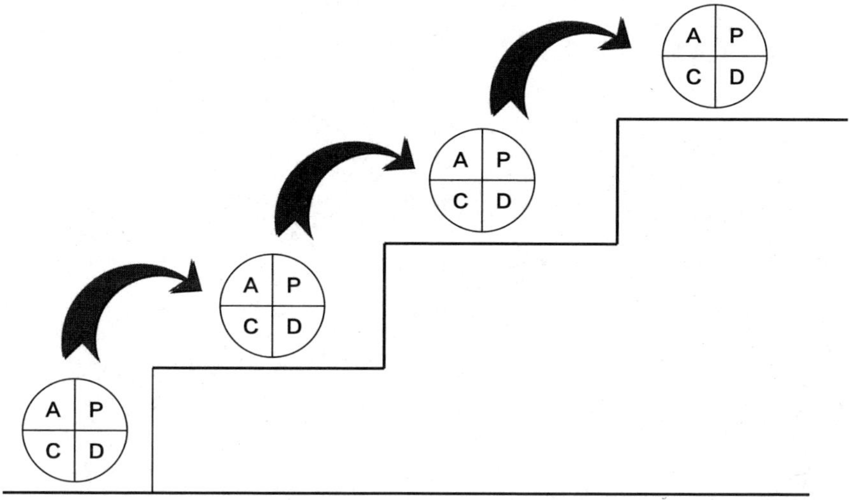

所以，PDCA 循环要上的这个台阶，一定不是指结果上台阶，而是指内在的能力上台阶，只有内在的能力上了台阶，才不会轻易掉下来，这种台阶上了才有意义。内在的能力指的是什么呢？就是我们对事物内在规律的认知水平。任何事物都有其内在的规律，我们对规律的认知水平越高，行动就越高效。

比如，足球运动就有其内在的规律，如果不去探索，你就掌握不了，就很难提高足球运动的水平。就像中国足球，只是不停地换教练，甚至换足协主席，这都是没有用的，事实已经证明，换谁都一样，这就是在试错。试错并不能提高我们的认知水平，就算偶尔试错成功了，因为认知水平没有提高，成绩最终还是会跌下来。这方面，我们的邻国日本就比我们做得要好。日本足球水平曾经也是世界三四流，跟我们差不了太多，但现在就算击败德国、比利时这样的世界顶级强队也属于正常现象。可以说，日本足球通过不断进行 PDCA 循环，已经成为世界一流强队。其根源在于日本足球的管理者对足球运动内在规律的认知水平在不断提高，他们按照规律办事，结果自然越来越好。

人们要想得到工作的胜利即得到预想的结果，一定要使自己的思想合于客观外界的规律性，如果不合，就会在实践中失败。

——毛泽东《实践论》

试错与PDCA循环最大的差别就在于有没有通过充足的分析研究总结事物背后的规律，并按照规律来行动。

提升能力的诀窍

我经常在上课之前问我的学员：你们想学理论，还是想学实操？你猜大家怎么选？绝大多数人都会选实操。因为通常大家都认为只有实操才能解决问题，理论是空洞的，没有实际价值的，只有那些专家学者才会去研究。这是一种比较严重的误区。你应该听过一句话：**用理论来指导实践**。如果没有理论，实践就没有了依据，就很容易走入死胡同，甚至带来破坏性的结果。本田汽车创始人本田宗一郎曾经说：没有理论的行动是凶器，没有行动的理论无价值。

还记得我在前面展示的这个图吧？

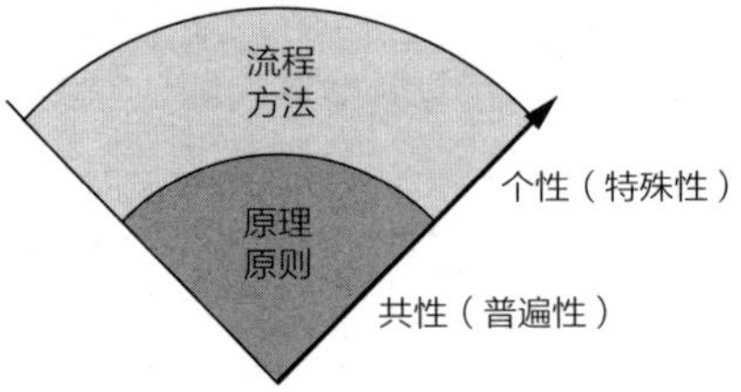

这个扇形图上面的部分是流程和方法，也就是我们所说的可以直接实践的部分；下面的部分是原理、原则，也就是我们所说的理论的部分，所谓理论，就是对客观规律的总结。为什么大家只想学流程、方法呢？因为被成果主义的价值观所影响，都想快点拿到结果，内心很浮躁。至于内在的能力是否成长，是否掌握事物内在的规律，没有人关心。

但问题是，你学再多的实操流程和方法，也未必能真正解决你的问题。举个简单的例子，很多老板都在学如何制定薪酬制度，业界关于薪酬制度的做法非常多，你如何判断哪个好、哪个不好呢？我敢说，你无法判断，因为你没有理论。如果你凭感觉去学习，很有可能学到错误的做法，最后反而把企业给害了。这样的案例并不少见。

由于你没有理论，你会找那些拿到了大结果的对象进行模仿。比如，去模仿华为的薪酬制度，这样可行吗？就我所了解的情况，几乎没有真正取得成效的。原因我在前面讲过了，这就涉及特殊性和普遍性的关系。流程、方法是具有特殊性的，不同企业具体情况不同，所采用的流程、方法就有一定的差别，你不分青红皂白直接拿过来用，就有可能不适应，甚至造成一定的伤害性后果。这就好像小A和小B都肚子疼，小B发现小A吃了某种药之后很快好了，于是小B也吃同样的药，结果非但没好，反而更严重了。这就是因为小A和小B虽然都是肚子痛，但是引起肚子疼的原因却未必是一样的。就算原因也是一样的，但是两人的体质不一样，不一定能接受同样的药物。这就是特殊性。而原理、原则是对客观规律的总结，是具有普遍性的，对所有企业都适合的。比如，对于薪酬制度来说，双因素理论已经揭示了其底层逻辑：薪酬只是保健因素，只是起到维持员工士气的作用。如果想把薪酬当成一种激励因素，激励员工去提高业绩，其实是做不到的。因此，凡是把薪酬和绩效成果直接挂钩的做法，无论其具体的模式如何，都不能起到提高绩效的作用。绩效能否不断提高与相关的方法能否不断优化和改善有关。这就是绩效背后的原理、原则。如果你不相信，可以通过实践去验证。

总之，想要提高企业的竞争力也好，提高员工个人的能力也好，一定要研究事物底层的原理原则，不能只是简单模仿或照搬别人的做法，这样做在多数情况下都不能带来成功。比如，想提高100米跑的成绩，就一定要掌握百米跑的原理原则；想做好战略管理，就一定要掌握战略管理的原理原则。也就是说，企业对于某项工作一定要形成理论的提炼和总结。当企业有了这样的理论总结之后，再运用这样的理论来指导今后的实践，再从实践中总结经验来完善之前的理论，由此循环往复，企业就能沉淀出自己的Know-how。这个过程就是PDCA循环。

> 就人类认识运动的秩序说来，总是由认识个别的和特殊的事物，逐步地扩大到认识一般的事物。人们总是首先认识了许多不同事物的特殊的本质，然后才有可能更进一步地进行概括工作，认识诸种事物的共同的本质。当着人们已经认识了这种共同的本质以后，就以这种共同的认识为指导，继续地向着尚未研究过的或者尚未深入地研究过的各种具体的事物进行研究，找出其特殊的本质，这样才可以补充、丰富和发展这种共同的本质的认识，而使这种共同的本质的认识不致于变成枯槁的和僵死的东西。这是两个认识的过程：一个是由特殊到一般，一个是由一般到特殊。人类的认识总是这样循环往复地进行的，而每一次的循环（只要是严格地按照科学的方法）都可能使人类的认识提高一步，使人类的认识不断地深化。……
>
> ——毛泽东《矛盾论》

经营管理的PDCA循环

PDCA循环在经营管理中是怎么运转的呢？我们从推行KPI考核和推行OKR两种模式的差别来进行说明。

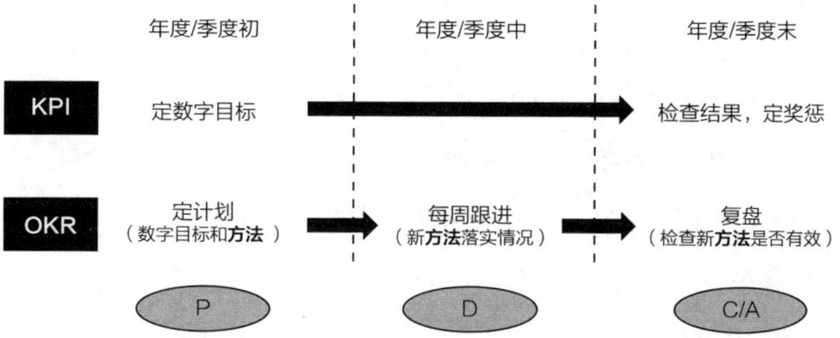

推行KPI考核的企业，通常是在年初确定数字目标，并且分解到各个部门，然后每个部门甚至员工都有属于自己的KPI，在整个年度中，几乎没有什么管理，也的确没有什么好管理的，因为在制定年度计划的时候，只有数字目标，没有方法；或者方法都是感性提出的，并没有与数字目标之间形成明确的因果逻辑关系。对于数字目标，有什么好管理的呢？没有。顶多就是每个月末或者季度末的时候开一下分析会，这种分析会能解决什么问题呢？我告诉你，基本上不能解决什么问题，无非就是进行一些信息的通报和交流而已。该存在的问题还是一直存在。对于没有达成的数字目标，每个人都会讲一大堆客观原因，什么内因、外因之类的，比如市场环境的原因、客户自身的原因、内部协同的原因，等等，总之都是一堆解决不了的问题。然后到了年度末，就开始检查结果，决定奖惩。在这一年中，有什么Know-how能沉淀下来吗？几乎没有。员工的能力有什么大的提升吗？很难。这就是绝大多数实施KPI考核的企业日复一日、年复一年在做的事情。我们每一家企业自己反思一下，看看是不是属于这样的情况。

那么实施OKR的企业，会怎么做呢？OKR是完全按照PDCA循环来运行的。首先在制定年度或季度计划的时候，会同时明确数字目标和方法，前面我们也跟大家讲过案例了，这样的计划可以直接用OKR来表述。请注意，这里所指的方法是新方法，而不是那些常规的方法。我再次重申，在制定年度或季度计划，或者说制定OKR的时候，不要将那些日常工作列进去，OKR中呈现的都是创新工作，都是从战略方针中解码出来的工作。

然后在年度或季度中的时候，要实施周度跟进，为什么要周度跟进呢？因为新方法要落实下去可能存在很多问题，有没有彻底落实，落实得好还是不好，落实的时候有没有遇到什么阻碍，这些都是需要跟进的。跟进的过程中发现有问题，就要及时解决。最后，到了年度或季度末的时候，要进行复盘，要检查新方法是否能有效达成目标，好的方法，我们要沉淀为Know-how，不好的方法，我们要去寻找原因，重新调整。

这就是一个完整的PDCA循环的实施过程。只要企业这么做下去，一定能实现每年上一个台阶，企业的市场竞争力就会变得越来越强。可惜的是，绝大多数企业把自己的年度目标管理完全寄托在KPI考核上，天天在研究考核指标怎么定，奖金该怎么发，问题是无论你的考核指标怎么定，也无论你的奖金怎么发，对于提高企业业绩的作用都是微乎其微的，把时间和精力花在这些事情上面，那是舍本逐末。

失败是成功之母

在这里，我要重点跟你讲讲复盘这件事。中国有句俗话，叫做“失败是成功之母”。怎么理解这句话呢？难道是说“只要失败多了，就一定能成功”？很显然，不是这个意思。事实上，有很多人在某件事上总是一直失败，长期失败。比如，在你的企业里面，是不是有长期都解决不了的问题？原因在哪里呢？原因在于你没有从每一次失败中总结经验教训，你对客观规律的认知没有提升。

很多人没有意识到，正是数字目标与方法之间这种因果逻辑关系，构成了一种学习机制。我们经常讲一句话：实践是检验真理的唯一标准。优秀的人正是通过实践不断学习和成长的。比如，当你想达成某个结果，你会思考用什么方法来实现，这里就建立了一个因果连接。当你实施这个方法之后，就会产生一个结果，如果这个结果跟你当初预期的一致，那么说明你当初的想法是正确的，采用的方法也是有效的。你就可以掌握这个成功的经验。但是如果你这么做了之后，发现效果跟你的预期完全不一致，那就说明方法很可能是错误的。这个时候你一定要客观分析，找到失败的原因，总结出背后的规律。这种学习机制就是复盘。经常复盘的人进步会很快，而不善于复盘的人往往长期坚持一种错误的观点，尽管实践反复给了他负面反馈，但他依然视而不见，非常固执。这样的人其实非常多，他们的进步也非常缓慢。

比如有个老板，我8年前跟他见过一面，探讨了一些关于企业管理的思路，我当时认为他提出的一些想法是不对的，但是他一直坚持，我也就不再说什么。前一段时间，我跟他又见了一面，在聊的过程中，我发现他经营企业的思路跟8年前几乎没有差别，8年前头疼的问题现在在企业中依然存在，企业的业绩也一直停留在原地。这说明8年来他没有对自己的经营思路进行过有效的复盘，所以至今他也没有发现他一直坚持的那些想法其实是错误的。

很多企业经常说要复盘，但是不知道怎么复盘。很多企业在复盘的时候，就是空洞地讲一些什么优缺点之类的东西，这种复盘是没有多大意义的。真正的复盘，是去检验方法与数字目标之间是否真的存在因果逻辑关系。只有这样的复盘才会让你的认知得到提升。比如，你曾经一直认为通过“折腾人”可以大幅改善企业的业绩，那么你实践之后有没有达到你的预期呢？如果没有达到，你客观地分析过其中的原因吗？在认知上得到提升了吗？人就是要不断地进行这样的复盘，才能快速地进步成长，经营者尤其需要。

PDCA 循环是一个非常有价值的思维工具，大家千万不要忽视它。特别是企业的经营者，在这个复杂的市场中摸爬滚打，必须能够掌握快速提高认知能力的方法论。我特别推荐你看一篇文章——毛泽东的《实践论》。我自己看了很多遍，一字一句地推敲和理解，这篇文章就是对 PDCA 循环的最佳注解。毛泽东在领导红军之前作战经验也并不丰富，但他在实践中快速成长，带领党的军队取得了最后的胜利。他非常善于通过实践来学习。比如，南昌起义失败后，毛泽东在湖南又领导了秋收起义，当秋收起义再次失败之后，毛泽东通过复盘很快认识到在大城市与国民党硬碰硬的做法是不正确的，这就为后来制定农村包围城市的战略奠定了基础。所以，大家看，作为一名领导者在战略上进行有效的复盘，对于组织的发展和成败起着多么重要的作用。

让工作完成闭环

想提高员工的工作能力，必须让员工的工作形成闭环。我在成都有个表叔，他 37 岁开始自学中医，通常来讲这个年龄才开始学中医已经有点晚了，但是他靠自己的勤奋努力，硬是闯出了一条路，现在在附近的圈子里已是小有名气了，据说他治好了不少癌症病人。他是怎么快速成长的呢？据我观察，每次给疑难杂症病人开的处方他都会存档备案，下次这个病人来复诊的时候，他会先把病人吃药后的各种反馈详细记录在之前开的处方上，然后仔细斟酌研究后再开下一次的处方。病人经过多次复诊之后，表叔就会把每一次开的处方都装订成册，这样当病人下次再来复诊的时候，他甚至会提前把这个病人之前的所有处方全都研究一遍，仔细琢磨每一次服药后的变化。这就是他能够快速成长的方法：每次开处方时进行“假设”，病人复诊时进行“验证”。他的工作是一个完整的闭环。正是因为有这样的闭环，他对中医背后的客观规律研究得越来越深，能力也快速提升。他所装订成册的每一叠病例处方，就是他的学习手册。从实践中学习是最好最快的学习方式。

PDCA 循环就是一个假设-验证的闭环.通过这样的循环，企业才能构建自己的市场竞争力，员工才能快速成长。PDCA 循环是一个已经被反复验证的原理原则，是所有企业都应该遵循的规律，是我们真正应该向那些优秀企业学习的东西。PDCA 循环是一个宝贝，可惜真正认识到这一点的企业很少。更多的企业则对各种员工激励机制趋之若鹜。

我曾经参加过一个连锁快餐企业的经营会议。在这个会议上，产品开发部门的负责人花了很长时间展示他们开发的新产品。整个过程中不断地介绍其产品设计如何精妙绝伦，却绝口不提顾客为什么需要这样的产品，更没有展示他们对顾客需求的研究过程。对我而言，这个新产品的开发完全就是他们的自娱自乐，没有经过充分的假设，这样的产品一旦开发出来，是否畅销只能靠运气。

还有些企业的产品研发部门，虽然在开发新产品的时候的确做了周密的市场调研和客户需求研究，但是在样品开发出来后却没有及时在顾客中进行充分验证，就急于全面推向市场，这依然是没有完成“假设-验证”的闭环。这也是为什么很多企业新产品开发成功率低的重要原因。

你只要认真观察，就会发现想把 PDCA 循环做好，有一个非常重要的前提，就是工作必须有一定的持续性。换句话说，就是要长期坚持做好一件事。如果你今天弄弄这个，明天又弄弄那个，PDCA循环很难运转起来。比如，我表叔与其每个月看1000个病例，每个病例都浅尝辄止，倒不如集中精力专攻几个疑难杂症，不断地做假设-验证，直到把这些疑难杂症一一攻克，你说哪个的价值更大，哪个对人的能力提升更快？毫无疑问是后者。

所以，为了创造出PDCA循环能够高效运转的前提，企业的战略就必须进行选择与集中。经营者必须在经营方向上进行选择与聚焦，否则员工的注意力就会分散。你仔细去看看，你的员工是否整天都忙于应付一些鸡毛蒜皮的事，而没有聚焦在一些重要的、关键的课题上进行反复攻关？如果是，那你就必须反思企业的战略是否清晰。很多时候，企业不能培养出人才是有原因的，跟企业的战略方针密切相关，这是经营者必须认真思考的问题。

第九章

CHAPTER 9

开发Know-how，构筑组织

如何开发Know-how

前面我们讲过，要提高员工绩效或企业业绩，光是刺激员工的积极性是不行的，必须在方法上进行创新。采用新的方法，通过PDCA循环不断地优化、迭代，最后沉淀为企业的Know-how。什么是Know-how？前面我讲过，简单来说就是某种技术、诀窍，或者可以称之为“核心技术”。

很多企业说自己没有人才，你想想看，什么是人才？掌握Know-how的人不就是人才吗？没有人才的原因不就是因为没有Know-how吗？如果你不把开发Know-how作为重点来抓，你的企业永远不会有人才。

开发Know-How的方法，是以下九个字：流程化、精细化、标准化。

Know-how开发的方法：
- ✓ 流程化
- ✓ 精细化
- ✓ 标准化

流程化，简单来说就是把你的方法变成流程，比如第一步做什么，第二步做什么，第三步做什么，这就是流程化。但是这种流程不能太粗，要精细化，每一步流程里面有很多关键的细节，一定要描述清楚，这就是精细化。很多时候，大家流程都是一样的，但是细节不同，最后的结果就差远了。流程化、精细化如果都做到了，最后还要标准化，就是把这种做法固定下来。不能让员工随意凭他的主观感觉和经验去操作，这样是低效的。

有些人会说，每个员工有他自己习惯的做法，如果强制要求他使用别的方法，他可能不习惯。这种想法听起来很有道理，但实际上是非常错误的，而且这是管理者给自己找的借口。我问你：员工自己习惯的做法是最好的做法吗？是效率最高的做法吗？如果10个人做同一件事情，每个人都用自己习惯的做法去做，固然每个人都觉得很顺手，但是效率和效果肯定是高高低低、各不相同的，那为什么不让所有人都掌握效率最高、效果最好的那种做法呢？至于说不习惯，这完全是瞎操心，因为好的方法一定是要通过培训和训练让人彻底掌握的。因此，在很多领域都存在"业余"和"职业"的区别。比如，业余的保龄球爱好者，完全可以凭着自己的感觉和习惯去打球，但这样的选手如果跟那些经过专业训练的职业选手同台竞技，大概率会输得一塌糊涂。同样，对于企业内的每一项工作，也存在着"业余"和"职业"的区别。比如对于销售岗位的工作，你是要一堆"业余"的散兵游勇，还是要总结出销售的Know-how，用这个Know-how打造出一支"职业"的销售铁军？相信你一定会坚定地选择后者。

现在很多企业都在搞信息化建设。信息化是标准化的一种很好的形式。但是很多企业没有搞明白一个问题，就是你必须先把Know-how开发出来，然后再把Know-how通过信息化的方式固化下来。很多企业想通过信息化建设的项目来推动解决管理和流程的问题，这种做法就我看到的情况来讲几乎没有成功的案例。因为Know-how的建立是需要付出大量的资源和精力的，必须是由战略来推动的，而且必须通过战略目标的实现来得到验证。想通过信息化建设，以梳理流程的方式来实现，这种推动力是不足的，最后都会无功而返，因为你低估了开发Know-how的难度。好的流程不是靠梳理现有的做法得出来的，好的流程通常来自重大的变革和创新，在投入巨大的资源和精力之后，才能开发出来。想通过信息化来解决流程的问题，通常是不会成功的。

总之，Know-how必须做到三化，即流程化、精细化和标准化。而且你一定要有一个概念，所有的工作都可以做到这三化。小到拧螺丝，大到做战略，都可以做到这三化。当然，这并不意味着你要对所有工作都开发Know-how，对于中小企业来说，一定是先抓住最重要的那一项工作。哪一项工作才是最重要的呢？那就要根据企业的战略方针来定了。

科学管理原理

“科学管理之父”泰勒曾经在他的著作《科学管理原理》中讲到：我坚信，很明显即使在已知的最原始的劳动中，也存在科学问题。

> 我知道“积极性加激励”的管理被认为是最佳管理模式的代表，事实上，我认为几乎不可能再说服管理者相信，在这个领域中，还有比这更有效的管理模式。我所面临的艰巨任务是，用一种有充分说服力的办法让管理者相信，确实还有一种管理模式不仅比“积极性加激励”的管理好，而且还要好得多。
>
> 由于管理者对“积极性加激励”的管理方式是如此偏爱，如果仅仅阐述理论上的优点，则不足以让他们相信还有比这更优越的管理制度。因此，下面我将列举两种制度下的一些实例，来尽力论证科学管理其实比其他管理制度优越得多。
>
> ……
>
> 在过去的管理模式下，成功几乎完全取决于工人劳动的“积极性”，然而，充分调动工人的这种积极性实际上是难以实现的。与过去的管理相比，科学管理能在更大的范围内以绝对的一致性来充分调

动工人的“积极性”（刻苦工作、善良和聪明才智）。

……

科学管理完全适用于各个层级的工作，从最基本的工作到最复杂的工作；其次，一旦得到应用，相比于“积极性加激励”的管理，它所带来的成果必然会大得多。

——弗雷德里克・泰勒（美）《科学管理原理》

科学管理是什么？科学管理就是流程化、精细化和标准化。泰勒认为所有工作都有最科学的做法，研究并找到这个做法，再把它固化下来，训练所有负责这项工作的人掌握，而不是任由员工凭经验去做事，这就是科学管理。《科学管理原理》就是企业必须重视Know-how开发的最直接、最重要的理论依据。

《科学管理原理》最初是泰勒写的一篇报告，你知道这篇报告是哪一年发布的吗？1911年。1911年的中国处于什么状态呢？是爆发了辛亥革命，刚刚推翻了清王朝的统治。也就是说，我们还在辛亥革命的时候，西方社会已经意识到科学管理比“积极性加激励”的管理制度效果要好得多。我们国内现在还有80% ~ 90%的企业整天研究如何激励员工，如何让员工比老板更操心，对真正有效的科学管理却毫不重视。看到这里，大家发现这里面有巨大的成长机会了吗？可以这么说，当你真正开始重视科学管理的时候，企业的业绩也许能轻松翻一倍甚至几倍。

销售业务如何标准化

前面讲了那么多，可能你对于Know-how的重要性还是比较模糊。接下来，我给你讲一个详细的例子，说说销售业务如何做到流程化、精细化和标准化。几乎每个企业都有销售，行业不同，销售业务的具体开展形式和细节也不同。我举一个特定行业的例子，让大家理解我所讲的案例的思路，学会举一反三。

这是一个针对C端服务业线下销售场景的案例，像养生保健行业、美容业，或者培训教育类行业，都可以参考。

大家想想看，销售业务是否存在科学性，是否能做到三化？很多中小企业很依赖销售的个人能力，这种依赖，甚至让某些销冠绑架了企业，让老板非常难受。但是老板们没有想过，如果能把销售业务开发出Know-how来，你可以把更多人变成销冠，而销冠的业绩也许还能再翻一倍甚至几倍。这就是科学管理的价值。那么销售业务是否可以做到科学管理，做到三化呢？答案是肯定的。不然怎么会有消费者心理学这样一门学问？说明销售工作是有规律可循的。销售流程的设计就来源于消费者心理学。

营销领域有一个AIDMA模型，当你向顾客销售产品时，顾客的购买心理的变化过程，就符合AIDMA模型。如果你能按照这个模型来销售，会让销售成功的概率大大增加。AIDMA模型是以几个英文单词的首字母命名的。

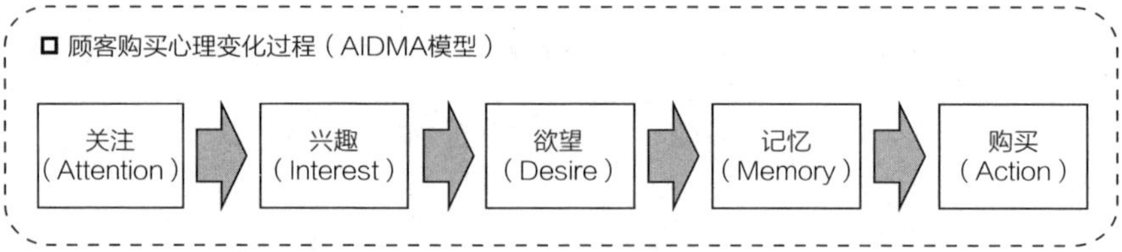

首先要引起顾客关注（Attention），然后让顾客产生兴趣（Interest），再从兴趣到产生欲望（Desire），然后对你的产品留下深刻的记忆（Memory），最后产生购买（Action）。

这就是顾客在购买商品时的心理变化过程，只要你的销售流程按照此方式去构建，就能大幅提高成交率。

根据AIDMA模型，我们可以把销售流程做如下整理：

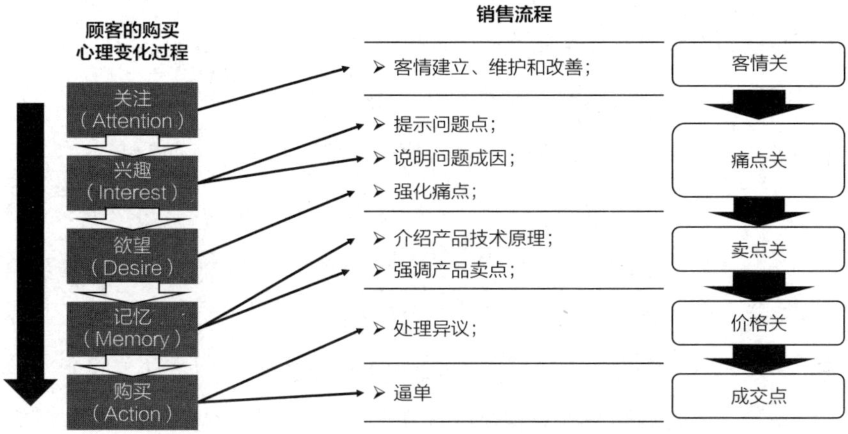

为了让顾客关注（Attention）我们，首先要建立客情关系。如果是老顾客，还需要长期维护客情关系。必须先让顾客对销售人员产生信赖，才能进入下一步销售流程。很多销售人员有个误解，认为顾客讨厌被销售，其实不是的，顾客之所以有时讨厌被销售，是因为销售人员一开始没有跟顾客建立好客情关系，顾客对她还没有任何信赖，她就开始介绍产品，顾客当然会反感。在没有产生信赖之前，顾客对销售人员所讲的话通常不会注意，甚至是抵触的。

接下来就让顾客产生兴趣（Interest）。让顾客产生兴趣的方法，是提示问题点并且说明问题的成因。比如我是销售保健养生服务的人，我通过观察和沟通，了解到你身上存在的问题点，比如你经常便秘。那便秘是什么原因造成的呢？多半跟你的某些不良生活习惯或工作特点有关。具体讲出来，因果逻辑清晰，顾客一听，还真是这样的，你说得太对了。是不是她就产生兴趣了？

但是现在仅仅是有兴趣，顾客的意愿还不够强烈，我们必须让顾客产生想要解决问题的强烈欲望（Desire）才行。所以接下来就要强化痛点。

怎么强化呢？就是不断地说明这个问题如果你不解决，会造成多大的痛苦，甚至是伤害。在这里可以向顾客描述各种痛苦的场景，顾客联想到这个场景，心里想，我确实经常遇到你说的这种场景，太痛苦了，以后我再也不想遇到这种场景。这样就产生了想解决问题的强烈欲望。

顾客有了想解决问题的强烈欲望，可是为什么要找你解决呢？或者说为什么要通过这种方式解决呢？这时你就需要介绍你的产品的技术原理，让她信服。然后，还要说明你的产品到底跟别人的产品有什么差别，这就是卖点，让顾客对你的产品留下深刻的记忆（Memory），让顾客产生一种认知，想要解决她的问题，最好的方案是购买你的产品。

然后就进入最后一个环节——购买（Action）。在购买环节顾客还会提出各种异议，这些异议多数跟价格有关，你必须解决掉这些异议。顾客可能还有些犹豫不决，你此时需要逼单。如果不能在当时立刻成交，等到顾客回去后，恐怕再也想不起今天发生的事情，那么前期所有的努力就都白费了。

我们可以根据这个销售流程，提炼出一些更清晰的关键节点，比如依次是客情关、痛点关、卖点关、价格关和成交点。所以，销售就像过五关斩六将，最后达成业务目标。

想想看，为什么要提炼出这些关键节点，明确这些节点的目的是什么？是为了更好地进行过程管控。很多企业也有销售流程，但是没有人进行过程管控，任由员工自己决定该怎么做。企业只关心最后的结果，丝毫不关心过程，它们没有想过，过程和结果之间是因果关系，没有科学的过程哪来好的结果呢？

比如，销售人员如果没有过客情关就直接去讲顾客的问题，会造成什么情况呢？很可能会引起顾客的反感和排斥，适得其反。再比如，如果没有过卖点关，就直接跟顾客谈价格，比如，因为担心顾客不购买，主动提出可以打折，前面的卖点你还没有讲扎实，这个时候提出打折反而让顾客产生更大的疑虑，最后导致销售失败。道理很简单，本来顾客就心存疑虑，担心你的产品没有效果，这个时候你应该想办法消除她的担心才对，但是你急不可耐地主动提出打折，顾客就会更加确认你的产品是真的有问题，她的担心不仅没有消除，反而加深了。绝大部分企业的销售人员拿的是提成工资，为了拿到提成，往往急于求成，想通过打折降价来吸引顾客，甚至不择手段，不按照科学的流程来销售，这样反而容易导致销售失败。

想对销售过程进行更细致的管控，我们还可以对销售过程进行量化打分。比如，对于一个还没有开始销售的顾客，以0分作为起始分。已经开始销售，但还没有过客情关的顾客，我们打20分；过了客情关，还没有过痛点关的，我们打50分，这个时候顾客还不认可她的问题的存在。过了痛点关，还没有过卖点关的，我们打70分，这个时候顾客已经认可了她的问题存在，但是不相信我们的产品能够解决她的问题。如果卖点关也过了，但是价格关未过，我们可以打90分，这个时候，只剩下临门一脚了，只要解决了顾客的异议，就可以实现成交。如果成交了，我们可以打100分，这条销售线索就可以暂时关闭了。

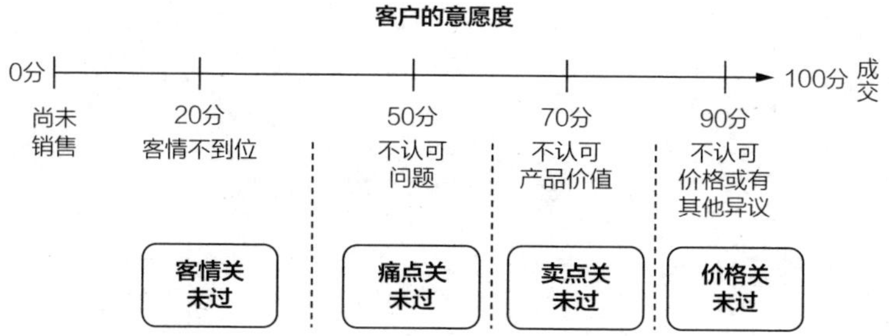

我们可以把所有的目标顾客整理出一个清单，按照客户的意愿度进行打分，这样就可以清楚地知道所有客户的销售情况，他们卡在哪一个具体的关卡上，你也一清二楚，这样，就可以针对性地采取对策。比如，对于50分的顾客，下一次向这个顾客进行销售的时候，重点在哪里，是不是就

很清楚了？通过这样的整理还可以及时发现问题，比如你发现很多销售人员的顾客都卡在70分这里，说明公司对于产品卖点的提炼可能不够清楚，以至于大多数销售人员都不能准确地向顾客说明产品卖点。你看，销售业务是不是已经被我们很好地流程化了？

仅仅是流程化还不足以形成Know-how，还必须做到精细化。比如第一步要过客情关，这不是一件容易做到的事情，很多销售人员往往一开始就卡在这里。所以，我们必须对如何做客情给出更细致的操作方法。那么，做客情有没有更细致的操作方法呢？有。

客情本质上就是销售方与顾客之间建立起来的一种信赖关系，是一种比较感性和抽象的东西。但即便如此，依然可以进行科学管理。

客情是一种双边关系，可以分为两条主线：一是顾客对你的认知程度，二是你对顾客的认知程度。

客情发展体系

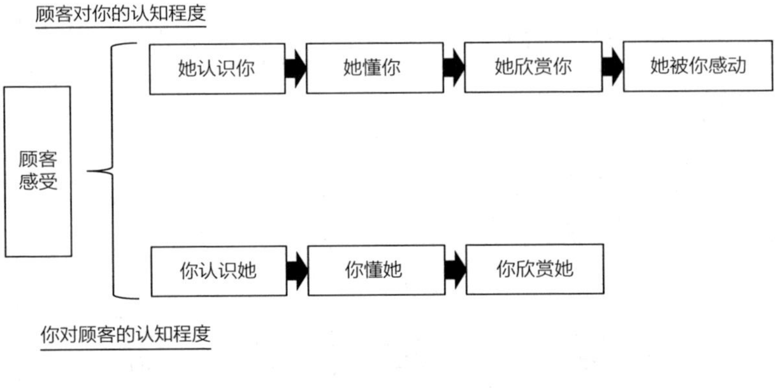

我们先看第一条主线，你想发展与顾客的客情关系，首先要提高顾客对你的认知程度，这里可以细分为四个层次：首先是她认识你，比如知道你姓甚名谁，大概是干什么的，其他一无所知，这是最基本的层次。第二是她懂你，比如你可以主动分享你的人生经历、理念、兴趣特长甚至心事，等等，这是第二个层次。第三个层次是她欣赏你，这个时候你可以做一些事情，让她觉得你很自信，而且很专业；第四个层次是她被你感动，比如你能够超出顾客期待为她提供服务，例如，海底捞、胖东来等企业给顾客提供的“变态式”服务，顾客就会被感动。

我们再看第二条主线。你也要主动提高对顾客的认知程度。这里可以细分为三个层次：第一个层次是你认识她，了解她的姓名、职业等，这个也是最基本的层次。第二个层次是你懂她，你可以主动去聊她的私事、价值观、兴趣爱好等等，这样你们的关系就会更近一层。第三个层次是你欣赏她，也就是让顾客有被重视的感觉，从而产生一种价值快感。比如你打听到顾客是从事金融行业的，你就主动向她请教金融或投资方面的知识，让她产生“为人师”的满足感，觉得自己得到了尊重，实现了自我的价值。

只要顺着这两条主线不断地向高层次推进，你和顾客之间的客情关系就能不断增强。那么想想看，我们能否将销售人员与顾客的客情关系也用量化的方式进行打分，并进行严格的过程控制呢？答案当然是肯定的，而且也绝对有必要。你看，就连客情这么感性和抽象的东西都可以转化为科学的流程来进行管理，还有什么是不能的呢？

把客情关系明确到这个程度是否足够细致了呢？其实还不够。对于发展客情关系的每一个层次，还应该有更具体的动作，比如话术、操作技巧等等。必须让每一个销售人员知道具体该怎么做。限于篇幅我就不再继续往下讲了。

如果你能把销售工作做到如此科学、细致，你还担心业绩做不上去吗？所以，要提高业绩，重点绝对不是“折腾人”，而是“折腾事”，把事做对了，做细了，做到极致了，业绩就能实现大幅增长。

当然，想打造出高水平的Know-how绝对不是一件容易的事情，通常是长期PDCA、不断优化迭代之后才能做好。这就要求我们的工作方向一定要聚焦，朝一个方向做出深度来，不然今天搞搞这个，明天搞搞那个，员工都在疲于应付，如何能开发出Know-how来？

内部开发 OR 外部寻找

请你思考一个问题，Know-how 主要依靠企业自己开发，还是从企业外部寻找？请记住一句话，**找问题要内求，找方法要外求**。事情没做好，一定要从自己身上找问题、找原因，而一旦找到了问题和原因，寻求解决方法不要局限在内部，要打开视野，博采众长。因为完全从零开始开发Know-how需要的时间往往很长，对于中小企业来说，基本上是不现实的。哪怕像华为这样的企业，它的Know-how也主要从外部找来。比如，华为曾花巨资从IBM引入IPD（集成产品开发）等核心流程。所以，要快速积累Know-how，不是不可能，但是要投入资源。从外部引入Know-how的途径有两个，第一是直接从有这个Know-how的企业挖人，而且不止挖一个，可以多挖多个，人才来了，Know-how就被直接带过来了。第二，跟咨询公司合作。市场上有很多咨询机构手上都有各种Know-how，关键是你要知道企业需要什么。很多时候由于企业的战略不清晰，你根本不知道自己要什么。对于一些市场规模比较大、企业数量很多的行业，一定有相应的咨询公司提供Know-how。对于一些相对小众的行业，可能没有跟行业完全匹配的Know-how，但是也一定有相似和相通的，你只需要引进来并进行适应性改良即可。当然，市场上的咨询公司良莠不齐，需要进行甄别，选择符合自己要求的咨询公司。这个过程中可能会走弯路，但是千万不要气馁，只要坚持PDCA循环，就一定能越做越好。在Know-how上一定要舍得投入，你与竞争对手拼的就是这个，你要是不投入，被你的竞争对手占了先机，你就会在竞争中败下阵来。

这里面有一点，对于中小企业经营者来说，一定要亲自去学习并引进关键Know-how，这些Know-how如果不是你亲自掌握并推动，其他任何人都推不动，因为这些Know-how会极大程度地改变员工原有的工作方式或习惯，除了经营者，没人能推得动。比如，当年华为引入IPD流程就是任正非带着高管和核心骨干亲自去美国向IBM学习，在这些关键事情上，千万不能当甩手掌柜。

Line和Staff

企业从外部引进了Know-how之后，需要做两件事情：第一，要将从外部引进的Know-how进行优化，以适应本企业使用；第二，需要对相关岗位的员工进行培训和训练，以确保这些岗位的员工彻底掌握这些Know-how。同时，在这些员工工作的过程中，应当实施相应的过程控制，以确保Know-how得到正确的实施。这些事情该由谁来做呢？这就涉及如何构筑组织的问题。

在企业的经营组织中，同时存在两类组织：一类叫做Line组织，也叫做直线组织，还有一类叫做Staff组织，也叫做辅助组织。Line组织是直接承担业务结果责任的组织，比如生产、销售等部门，是典型的Line组织。Line组织最显著的特点是，工作结果很容易量化。Staff组织是为Line组织提供辅助支持的，相当于参谋的角色。在这里，请思考一个问题：Staff组织在企业里面应该多一点好，还是少一点好？这个问题可能有点难回答，太多或太少都不太好，合适最好。但是在现实中，在绝大多数企业里，特别是中小企业，Staff组织的员工数量是非常少的。通常对于老板来说，会倾向将Staff组织的人数削减到极致，也就是说，除了应付现有业务最必要的一些Staff组织和人员之外，老板基本上不太愿意在Staff组织上额外投入哪怕一点人，在老板的眼中，Line组织才是直接创造价值的部门，而Staff组织只会产生费用，所以，“Staff组织人数偏多”通常被当作机构臃肿、效率低下的典型特征。但是事实真是这样吗?

比如，本章前面讲到的这个销售流程，你认为这个Know-how应该由谁来负责开发和优化呢？直接从事销售工作的员工是典型的Line，是直接承担业务成果的人，他们有时间和精力去思考如何建构Know-how吗？显然没有。即便有，恐怕也不多吧。如果你想把销售Know-how优化到极致水平的话，是不是应该找个有充裕时间的人专门进行研究更好呢？这样的人就是Staff。Line组织的职责是达成企业的业务目标，他们没有时间和精力去研究如何创新，真正有时间思考创新的人是Staff。如果一家企业Staff组织中人员过少的话，说明这家企业的创新能力是很弱的，因为能参与创新的人太少了。

很多中小企业的Staff组织和人员非常少，是因为老板认为这些人的存在并不能创造什么价值。大型企业往往既有自上而下的改革开发，也有自下而上的改善改良，其Staff组织和人员往往比较充足。但是在中小企业，由于中基层员工掌握的资源很少，自下而上的改善改良一般比较难开展，企业想要创新，主要依靠自上而下的改革开发。自上而下的改革开发，不就是战略吗？老板认为Staff人员的存在没有多大的价值，其根本原因就在于老板没有战略或者战略不清晰，他不知道配置Staff组织和人员到底用来干什么。

所以你明白了吧？从一家企业Staff组织和人员的配置情况，就能看出这家企业到底有没有战略。那些把Staff组织和人员削减到极致的企业，通常没有战略或战略不清晰。表面上看企业似乎省下了很多人工成本，但是由于几乎没有创新能力，提升业绩是非常困难的，只能随着市场波动而随波逐流。这样的企业，在国内有很多。这些企业只保留一些最基础的Staff组织和人员，例如总要有人发工资吧，总要有人出财务报表吧，总要有人维护信息系统吧。但是那些对于提高企业经营业绩最重要的Know-how，却没有人研究。这些企业往往对生产服务人员采取计件制，对销售业务人员采用提成制，靠员工凭经验去工作。它们从来没有想过，如果对这些人的工作方法和流程进行研究改善，沉淀出Know-how来，工作绩效也许会成倍提高。当然，Staff组织和人员也不是越多越好，而是应该根据企业的战略需要来配置。通过战略明确企业要在哪里进行创新，只要战略明确了，需要什么样的Staff组织和人员自然也就清楚了。

左脑管理，右脑企划

如果把企业比作一个人，那么Line是企业的手脚，Staff就是企业的大脑。Line负责执行，执行力再强，如果没有Staff作为参谋，执行的效果也会事倍功半。

人的大脑由左脑和右脑组成。右脑的特点是比较感性，创造性更强；而左脑的特点是比较理性，逻辑性较强。基于这个特点，可以把Staff分为两种职能，一种是企划，另一种是管理。

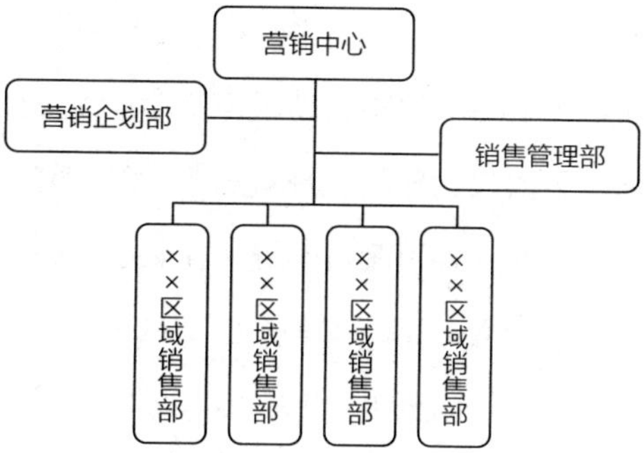

企划相当于人的右脑，发挥创造性的作用，是企业创新的发动机，而管理相当于人的左脑，通过跟踪监控，确保把创新踏踏实实地落实下去，产出具体的经营结果。比如，对于营销部门来说，可以建立营销企划部和销售管理部。营销企划部负责企划流程、体系、市场活动等，为Line组织和人员实现更高的业绩创造方法、工具和机会；销售管理部则负责将相应的流程、体系和活动等工作进行严密的培训、过程跟踪和管理，确保Line人员执行到位。左脑和右脑左右开弓，组织力就会实现巨大的提升。

你可能会奇怪，为什么上图中右脑型的营销企划画在左边，而左脑型的销售管理却画在右边？是画错了吗？当然不是。原因是这张组织结构图就好像一个人的脸，当你看着这张脸的时候，你的左边就是它的右边，你的右边就是它的左边。明白了吧？企业就像一个活生生的人，有自己的思想和主张，有自己的理念和价值观。

同样地，因为经营者是直接对经营结果负责任的人，所以经营者是Line。中国企业的老板以右脑型人才偏多，因为右脑型人才有创造力，偏感性，行动力强，想到了马上就会做，所以往往能抓住机会，特别是在早期市场机会比较多的时候。所以创业成功的往往是右脑型人才。而左脑型人才太过理性，做任何事情都思前想后，这就导致行动迟缓，往往抓不住机会。但是，随着市场竞争越来越激烈，右脑型的老板很有必要配上左脑型的Staff组织，否则企业容易发生决策错误。老板的左脑型Staff组织叫做经营管理部，负责推行OKR的部门就是经营管理部，而不是人力资源部。只有经营管理部才能站在战略的高度来推动这项工作，经营管理部的负责人通常是精通业务的人，在很多日本企业，经营管理部的负责人甚至是经营者的接班人。当然，如果老板本身是左脑型人才，那也可以配上右脑型的Staff组织——经营企划部。如果企业的规模足够大，也可以同时配备左脑和右脑，这样企业就拥有更加强大的战略规划和执行力。

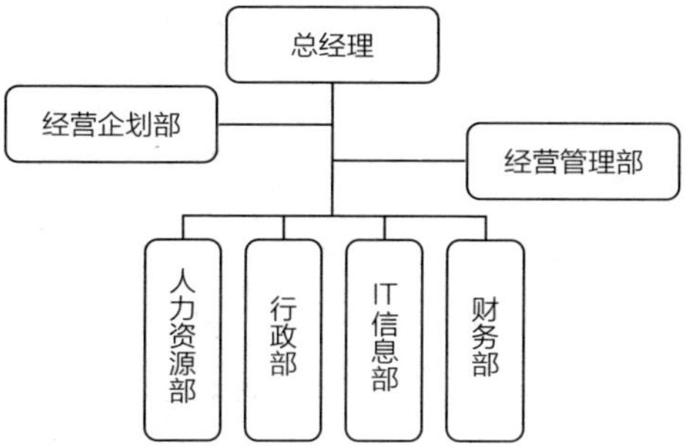

这个组织结构图里有两个部门需要重点说明一下，一个是经营管理部，另一个是人力资源部。很多企业人力资源部有个功能叫做“绩效考核”或者“绩效管理”，企业把“绩效”问题交给人力资源部来解决，这样做其实有很大的问题。

这里有两个概念需要区分，一个是人力资源管理，另一个是目标管理。人力资源管理就是盯着“人”来管理，比如招聘、考核、薪酬、培训等等，这些工作的关注点都在“人”身上，关心的是“员工的配置是否合理、员工的工作表现是否正常、员工的士气是否高涨、员工的能力是否持续提升”，要把人力资源管理做好，必须把“人性”研究透，重点研究的应该是组织行为学、管理心理学等等学科。但是现在大多数企业的人力资源部在研究什么呢？在研究计算公式、指标和权重，在研究如何做“数学题”，把对“人性”的理解完全晾在一边。这与真正的人力资源管理背道而驰，会造成人力资源部门的员工在专业上难以提升。问题出在哪里呢？就出在“将薪酬与绩效挂钩”上，这样的做法导致企业将“人力资源管理”与“目标管理”搅在一起，让人力资源管理完全变了味。绩效的改善和目标的实现是“目标管理”重点关注的范畴，人力资源管理的特点决定了它很难解决这些问题。目标管理研究的是战略的制定和解码、计划的落实和跟进、工作的检查与复盘，等等，目标管理的关注点在“事”上面，与人力资源的关注点形成鲜明的区分。所以，企业在组织上必须将这两项功能进行清晰的区分，人力资源部只负责研究和解决“人”的问题，而企业必须设置专门负责“目标管理”的职能，这项职能应该由经营管理部承担。如果企业没有经营管理部，那“目标管理”这件事就无人负责，一个“目标管理”缺失的企业，它的业绩能好到哪里去？如果企业的规模过小，也不一定非要成立经营管理部，但这项功能必须有人担当，谁来担当呢？如果找不到其他合适的专人，那只能是经营者自己。

第十章

CHAPTER 10

从目的出发做绩效考核

员工为什么会躺平

很多企业都担心员工躺平，它们认为实施绩效考核是非常重要的管理手段。其实，员工躺平最主要的原因并不是没有考核，而是没有目标。目标的作用是告诉员工应该往哪个方向努力。那么，你给员工定目标了吗？我们来看下面这个案例。

2023 年 5 月份采购中心黄 ×× 绩效考核表

<table>
<tr><td colspan="4">采购中心绩效考核量表</td><td>考核日期</td><td colspan="2">2023.5</td><td rowspan="3">目标值</td><td rowspan="3">实际值</td><td rowspan="3">本月工作完成比率</td><td rowspan="3">信息来源</td><td rowspan="3">得分</td><td rowspan="3">未达标扣分值</td></tr>
<tr><td colspan="2">被考核人</td><td colspan="3">×××</td><td>考核人</td><td>×××</td></tr>
<tr><td>考核项目</td><td>考核指标</td><td>分值</td><td>权重</td><td>计量单位</td><td colspan="2">考核量化标准</td></tr>
<tr><td rowspan="2">生产任务管理</td><td>采购计划完成率</td><td>30</td><td>30%</td><td>百分率（%）</td><td colspan="2">考核期内，采购计划完成率达到 100%，每降低 1%，扣 1 分</td><td>893898</td><td>652308</td><td>73%</td><td></td><td>21.9</td><td></td></tr>
<tr><td>采购及时率</td><td>30</td><td>30%</td><td>百分率（%）</td><td colspan="2">考核期内，采购及时率达到 100%，每降低 1%，扣 1 分</td><td>58</td><td>47</td><td>81%</td><td></td><td>24.3</td><td></td></tr>
<tr><td>生产成本控制</td><td>采购成本控制率</td><td>10</td><td>10%</td><td>百分率（%）</td><td colspan="2">考核期内，采购成本节约率达到 100%，每降低 1%，扣 1 分</td><td>1</td><td>1</td><td>100%</td><td></td><td>10.0</td><td></td></tr>
<tr><td>供应商管理</td><td>供应商开发计划完成率</td><td>10</td><td>10%</td><td>百分率（%）</td><td colspan="2">考核期内，供应商开发计划完成率达到 100%，每降低 1%，扣 1 分</td><td>1</td><td>0</td><td>0%</td><td></td><td>0.0</td><td></td></tr>
</table>

续表

采购中心绩效考核量表				考核日期	2023.5	目标值	实际值	本月工作完成比率	信息来源	得分	未达标扣分值
被考核人		×××			考核人 ×××						
考核项目	考核指标	分值	权重	计量单位	考核量化标准						
供应商管理	建立合格供应商档案	5	5%	百分率（%）	考核期内，按标准完整地填写供应商的档案资料，少一项扣5分	1	1	100%		5.0	
采购质量管理	采购质量合格率	15	15%	百分率（%）	考核期内，物资供应及时率达到100%，每降低1%，扣1分	100	96	96%		14.4	
					合计得分	76					

这张考核表在本书的前面部分已经出现过了，我们再从另一个角度去分析它。大家看这张表，你觉得这个员工的目标清晰吗？有人说，怎么不清晰了？考核指标虽然有6个，但是每个指标有不同的权重，重点是非常清晰的。那好，我们先说权重，权重对于指引员工的工作有帮助吗？这张表格上面的6个指标，权重最重的是前两项，但是恰恰前两项指标的完成情况很差。相反，其他权重很低的指标反倒完成得不错。这说明了什么？说明员工不是按照权重来决定工作的优先顺序的。那他是根据什么来安排工作的呢？你看表中第5个指标“建立合格供应商档案”，这一项权重只有5%，但是员工的完成率却是100%。原因很简单，这个指标是所有6个指标中唯一一个他能够完全掌控的指标。那么答案就出来了，员工是根据工作的难易程度来决定优先顺序的，而不是按照权重。显然这才是最合理的解释。想想看，你读书的时候参加考试，是不是先把简单的题目做完了，保证能拿的分数都拿到，困难的题目先放在一边，等到最后再来解决？到了最后，实在解决不了，那也没办法，胡乱写上一通直接交卷，对吧？所以员工在完成工作的时候也是一样的。设立权重只是为了方便考核的时候计算分数而已，其实没有什么作用。你想用权重去引导员工的工作，实际上只会徒劳无功。

再看前面这两项指标“采购计划完成率”和“采购及时率”。前面我们已经讲过，导致这两项指标完不成的主要原因是顾客频繁变更需求，技术部门只能被动变更设计，单从采购部门的角度来看，他们是很难解决这个问题的。另一方面，这两项指标也没有告诉员工具体的行动方向，对这两个指标进行考核，除了让员工感到不满之外，还有什么好的作用呢？

很显然，这样来设定考核指标，根本不能指引员工的工作方向，员工不知道该做什么。问题的源头在哪里呢？在战略。顾客端的问题只有通过战略来解决，把问题甩给采购部门显然是不合理的。那这家企业有清晰的战略吗？我认为没有。你看这张表上的第4个指标“供应商开发计划完成率”，这个指标只占10%的权重。对于这种既费时费力，又对考核结果影响不大的指标，员工会直接选择放弃。因为假设其他指标都能圆满完成，这个指标就算放弃不管，考核也能拿到90分。于是问题就来了，“供应商开发”这项工作到底重要不重要呢？如果是重要的，怎么可以让员工自由选择是否执行？如果是不重要的，那放在这张考核表里做什么呢？是嫌考核指标还不够多吗？很显然，这家企业根本没有告诉员工什么才是重要的工作，更没有告诉员工实现目标的具体路径。想让员工努力工作没错，但是不是也得告诉他往哪里努力才行啊？如果企业没有清晰的战略，就不可能给员工明确的指引，这种考核做了也是白做，根本起不到应有的作用。

绩效考核并非好东西

很多企业老板惭愧地跟我说：“我们企业至今连绩效考核都没有做。”言下之意，自己企业的管理水平不高，拿不上台面。对此，我经常回答说：不做绩效考核未必就是错，你想想为什么你不做绩效考核，企业还能发展至今？你要是从明天开始推行绩效考核，企业的状况未必会变得更好，甚至有可能变得更差呢。说实话，我说的绝对不是危言耸听，在现实中就存在着大量这样的案例。

首先绩效考核不能提高绩效，这一点本书已经讲得很明白了。如果你还不能理解，请回过头反复阅读最前面的几个章节。那么做绩效考核有什么用呢？简单来说，绩效考核有两个作用：第一，通过传递压力使员工不敢懈怠；第二，为报酬支付等激励措施提供依据。接下来针对这两个方面的作用我分别予以说明。

先说第一个作用，通过考核来传递压力，使员工不敢懈怠。绩效考核的作用本来仅仅是让员工不敢懈怠，但是很多企业偏偏不满足于此，它们还希望员工能爆发出极强的热情和欲望，去达成更高的目标。如果真的有这样的想法，就应该给员工定高目标，并推行严格的考核制度。但很多企业出现一个很矛盾的心态——既希望员工努力实现高目标，又担心他们一旦达不成高目标，拿到不好的考核结果，受到打击。具体表现就是，一方面企业将考核结果与员工收入进行强挂钩，另一方面又只敢给员工定较低的目标。我们讲过，低目标会导致企业创新停滞，整个企业都会在过去的“延长线”上工作，最终导致企业的市场竞争力下降。这不是得不偿失吗？想改变这种扭曲的状态，方法很简单，就是让绩效考核回归作为“保健因素”的本质，不要让它承担“激励因素”的功能，实际上它也承担不了。具体的做法就是不要将考核结果与员工收入进行强挂钩，这个我等一下再讲。

我再讲讲绩效考核的第二个作用——为报酬支付等激励措施提供依据。首先我要告诉你，绩效考核不是企业必需的管理手段。因为只要是考核，就会给员工打分定级，把人分成三六九等，没有人喜欢被人分成三六九等。我在线下上课的时候，曾经跟现场的学员开玩笑说，接下来我把在座的各位按照学习能力的不同分成ABC三个等级，你们愿意吗？在场的所有人异口同声说：不愿意。你看，我只是分个等级，不跟任何物质利益挂钩，大家都非常反对。所以，请记住这个结论：**只要是考核，都会存在极大的负面作用。所以，能不考核就尽量不考核**。不要跟我说华为是怎么做的，我自然知道华为是怎么做的。对于绝大多数企业，特别是中小企业来说，你学不了华为，除非你能开出极高的薪酬，并保证充足的人力资源储备。说得直白一点，就是你不用担心员工因为考核受到打击甚至流失。如果是这种情况，你自然可以无所顾忌，想怎么考核就怎么考核，甚至可以在企业里实施高压政策，大搞末位淘汰，等等。如果你的企业不是这样的情况，建议你别去学华为，否则只会自讨苦吃，明白了吗？对于绝大多数企业来说，应该尽量将考核弱化。企业的业绩和员工的绩效主要不是靠考核来实现的，考核顶多只算是一个辅助手段。另一方面，企业毕竟还是需要针对不同员工的表现支付差别化的报酬，不能吃大锅饭。基于这个定位，考核可以做，但不要做得过于复杂，对员工收入的影响也不要那么大，润物细无声地做就好了。越是做得复杂，做得轰轰烈烈，员工的注意力就越会被牵引到考核和分配上来，就越容易引起员工的抱怨和不满。更何况，考核本身是不创造价值的，你花那么多时间去搞它有什么意义呢？

KPI和OKR分别怎么考核

接下来我讲讲具体怎么做绩效考核。员工的工作类型大体分为两个部分。一部分是日常工作，另一个部分是战略创新的工作。日常工作的目的是维持业绩，属于常规的、例行的部分；而战略创新的工作是为了持续提升业绩，这一类型的工作通常是以项目的方式展开的，我们一般称之为“课题”。通常来说，基层员工以日常工作居多，中高层员工则既有日常工作，也有战略创新的工作。当然，也有很多企业因为战略缺失，无论高层、中层还是基层都在忙于日常工作。你想想看，哪种类型的工作更有利于提升员工能力呢？毫无疑问，是解决课题，也就是那些战略创新的工作。没有这些工作，员工的能力成长就会陷入停滞。

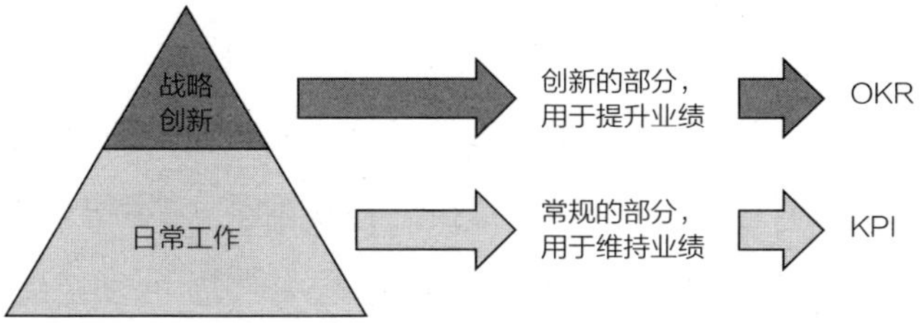

这两部分工作该如何进行考核呢？一般可以用KPI来管理日常工作，用OKR来管理战略创新的工作。有些人认为，KPI可以考核，而OKR不能考核，因为如果考核OKR，员工就不愿意挑战高目标了。但问题是，如果KPI要考核，而OKR不考核，那员工会更重视哪部分工作呢？显然是重视要考核的那部分工作。所以，如果这样做，OKR就容易被员工忽视，战略的落实也会遇到巨大的阻碍。其实OKR也是可以考核的，只不过你不要直接盯着KR的数字来考核，OKR的核心是过程管理，所以，不能只考核结果，还必须考核过程，对OKR的考核是一个综合性的定性考核。

如何来做OKR的定性考核呢？首先，你要清楚OKR的整个实施过程。OKR不是按照PDCA循环来实施的吗？那你就根据PDCA循环的每一个环节去评估啊。比如员工的计划做得是否客观充分，实施过程是否彻底，复盘总结到不到位，调整是否及时有效，你必须综合性地进行评估，而不能只看KR的数字有没有达成。创新是有风险的，如果员工已经尽力，而且可能还解决了一些关键问题，突破了一些重大瓶颈，仅仅因为KR的量化值没有达成，就给员工一个负面的考核结果，以后谁还愿意创新？结果不能完全代表员工的努力程度，结果是受很多客观因素影响的，有些因素员工根本掌控不了。所以，不能直接用结果来考核员工。

你可能会觉得过程考核很难，因为在你的企业基本都不做这些过程管理，所有人都在盯结果，没有人对过程感兴趣，你的PDCA循环压根就没转动起来啊。所以，首先你要改变企业的价值观，否则，考核的问题你永远也解决不了。不仅是考核，没有过程管理的企业，也很难沉淀下来Know-how，业绩很难提高。

同样地，不要认为KPI就应该直接考核结果。其实，KPI也要考核过程。比如，对前面这个采购主管的考核，如果他的前两项指标都完成得不太好，是不是直接给出差评呢？其实不应该，我们必须知道完成得不好的原因是什么。如果这个原因是员工无法掌控的，那为什么要给他差评呢？另外，前两项指标你要求员工做到100%，请问这两项指标以前的平均水平是多少？是每个月都能稳定地做到100%吗？如果以前就做不到，你为什么现在要求他做到100%呢？这是掩耳盗铃的做法。KPI考核只能维持绩效，不能提高绩效，要提高绩效必须通过实施优化创新来实现。说白了，KPI考核能起到的作用仅仅就是维持而已。所以，考核KPI也要看过程，不能不问青红皂白，什么都让员工承担，员工只应该承担他应负的责任。比如，确实是因为员工玩忽职守，不按要求操作而导致的问题，自然应该由员工来承担。

因此，KPI可以定量设置，但是不一定要定量考核，也可以定性考核。你没有必要去计算那些具体的分数，多个KPI之间也不需要设置权重，因为这么算分、算权重很浪费时间，而且这样做对于提高绩效也没有什么帮助。考核本身是没有什么附加价值的，不值得在这项工作上花费太多的时间。

别把人用“死”

既然是定性考核，那么只需要打ABCDE就好，分别对应优秀、良好、合格、不足和亟需改进五个等级。

通过观察员工的综合表现来考核

A	B	C	D	E
优秀	良好	合格	不足	亟需改进

考核的时候，多个KPI之间不需要设定权重，那KPI和OKR之间要设定权重吗？答案是也不用。权重其实是没有意义的，而且会给员工传达错误的信息。KPI和OKR之间的关系是不能用权重来表达的。企业要发展，自然要重视战略创新，重视OKR。但是这并不意味着KPI就不重要了，KPI跟踪的是企业的日常工作，日常工作做不好，可能直接导致重大的损失。比如，出现重大的质量事故、安全事故，这些都是一票否决的问题，不能简单用权重来衡量。如果你给KPI和OKR设置权重，那应该怎么设？我看怎么设都会有问题。比如按各占50%设权重，那对于员工来说，就等于工作没有重点，就不知道把自己的精力主要放在哪里。如果KPI占20%，OKR占80%，那员工就会有轻视或放弃KPI的倾向，这样显然不行。如果反过来，KPI占80%，OKR占20%，员工同样会忽视甚至放弃OKR。因为OKR本身就是有挑战性的，员工更愿意待在舒适区里面，放弃OKR顺理成章。其实，对于员工来说，KPI平时按常规做法进行维持，只要没有明显异常，就应该把主要精力放在OKR上，一旦发现异常，立即进行处理。这样的关系，很难用权重来说明。最简单的做法，就是直接打包，对KPI和OKR的工作进行综合定性评价，也就是说，这个ABCDE的考核等级，反映了员工所有工作的表现，是对其所有工作的综合定性评价。

我这样说，可能有些人会觉得不习惯：你都没有具体的量化的分数，我怎么知道该打哪个等级呢？我送你八个字：定性考核，相对评价。也就是说你可以与类似岗位的其他员工进行横向比较进行最终判断。这样，考核工作就会变得非常简化且高效。有人会说，这样做会不会太主观了，主管很难准确评估员工。我告诉你，不会，这样评估反而才是相对准确的。

我给你讲个案例。有个主管要对几名下属考核评估，人力资源部发给他一张列了几十个细项的考核表，要求他按照考核表一项一项打分，最后汇总出每个员工的总分。你是不是觉得这样做才科学？结果发现，这个主管的评估流程恰恰相反，他先从整体上把每个员工做个相对排名，根据他心目中的排名预估出每个员工应得的总分，然后再用这张考核表去拼凑这个总分。当人力资源部的人发现这个问题并质问这个主管为何这样做的时候，这个主管回答：我最早是严格按照这个表格来打分的，但是后来我发现，这样打出来的分数不准，跟我心目中的绩效排序不同，我认为我心目中的排序才是更准确的。这种做法会是个案吗？我告诉你，其实大部分主管都会这么做。所以，你明白了吧？主管心里其实是有杆秤的，他知道谁干得好，谁干得不好。你根本不用担心主管评价不了。如果主管真的评价不了，那只说明一个问题，他对员工的工作了解得太少了，不是一个称职的主管。

我们对人的评价通常是通过“相对比较”来实现的。比如你要招聘一名员工，会首先明确一个招聘标准，用来做初步的简历筛选，选出5个符合标准的候选人进行面试，最后选择聘用哪一个人就是根据相对比较来决定的。所以用相对比较的方法对员工进行绩效评价没有问题。

定量考核是一个伪命题，根本不需要定量考核。如果考核完全是定量的，那可以直接由机器完成，不需要主管来做。久而久之，主管的领导力就会下降，既然你都不考核他，他为什么要听你的呢？难怪我了解到很多企业的绩效考核竟然是由财务部做的，原因很简单，因为员工的数据都在财务部。

员工的工作是不能完全用指标和权重来概括的。指标和权重会对主管用人产生很大的制约，如果主管安排员工做其他工作，员工就有理由拒绝，因为这些工作跟他的考核指标无关。这样，人力资源就被用“死”了，而我们要“活”用人力资源。为了追求定量考核而把人用“死”，值得吗？

我再说一遍，**设定目标的时候，是需要量化的，但是考核的时候，是不需要量化的。设定目标的作用是指引员工努力的方向，目标是用来追求和达成的，不是用来考核的**。很多人有个误区，认为定了目标就必须考核，不然定目标就变成了无意义的行为，这完全搞错了定目标的目的。举个最简单的例子，你给小孩定个目标，希望他学习成绩年底排进班级前5名，你定这个目标是用来考核的吗？你给自己定个减肥的目标，希望3个月减肥10公斤，你定这个目标是用来考核的吗？显然不是。你定这个目标，是希望通过目标的牵引制定出具体的行动方案。定目标的时候之所以一定要量化，是因为不同的目标对应的行动方案不同，比如，减肥2公斤和减肥10公斤的行动方案能一样吗？明白了吧？定目标是一回事，考核又是另一回事，两者的目的是不同的。**定目标是“目标管理”的范畴，而考核是“人力资源管理”的范畴**。正因为这样，在设定OKR目标的时候，可以放心大胆地设定高目标，而不用担心员工达不成会被打击，因为这个高目标不会直接用于考核。对OKR的考核是以过程为基础的定性考核，它关注的是员工的过程表现，只要员工在过程中尽了最大的努力，目标最后有没有达成只是一个参考，不是最重要的衡量标准。

对于ABCDE这几个考核等级，你认为是否需要进一步描述详细的等级标准，比如什么是优秀，什么是良好，是否需要进一步做更具体的描述？我认为没有必要把员工之间的等级划分得如此清楚，因为考核过程本身都不是量化的，把考核等级弄得这么清晰有什么用呢？没有必要在这里纠结。

定性考核是客观的吗

这里大家可能会有一个很大的疑惑：定性考核是否客观？其实你有这个疑虑是因为你对客观的理解发生了偏差。很多人认为定量才客观，其实不是，比如我记得20年前我曾经在广州看过一场足球比赛，是中国队和巴西队之间的友谊赛，比赛结果是0∶0，当你看到这个结果，你会得出什么结论呢？是不是觉得中国队的水平和巴西队是差不多的？显然不是。

什么叫做客观？所谓客观，就是脱离人的主观意识之外的、真实存在的东西。量化的结果的确是客观存在的，但是产生这一结果的过程也是客观存在的，只看结果，不看过程，这种客观是不完整的。

要想了解中国队和巴西队的真实水平差距，最好的办法是什么呢？是直接看完整场比赛。看完之后得出的结论才是真正客观的。所以，定性考核也是客观的，而且因为定性考核全面地综合了结果和过程，所以比定量考核更客观，更准确。其实很多时候，业绩更好的员工不一定是能力更强的员工，也不一定是更努力的员工，你需要通过过程来整体判断。

我发现，一家餐厅好不好，我们其实非常清楚。

我们都吃过饭，都传递过这样的信息：这家餐厅不错。很多人根据这个“不错”去吃了，然后说“确实不错”，这个“不错”就形成了。没有什么指标，但是信息传递得非常准。

我发现，在餐饮行业里，柔性（定性）指标起决定性的作用。顾客满意度可能没办法用指标去描述，但是我们可以感知。包括人的努力程度也是，没有办法用指标去证明，但是我们的顾客、同事，包括去检查的人，都可以感知到。所以我决定，把所谓的KPI全部去掉，就只考这一个指标。

怎么考呢？一个副总组织一堆神秘人去考。后来发现非常准，这样店长也没话说，你不能把差的说成好的。

我把所有店分成ABC三级，A级是要表彰的，B级就在这儿待着，C级需要辅导。但是我不会扣你钱，会给你一定的辅导期，超过这个辅导期依然干不好，店长就要被淘汰。

——摘录于2017年4月在河南郑州举办的
中国绿公司年会创变者专场张勇现场分享

你看，这些优秀企业是采用定性考核的，最后用ABC作为评价等级。其实这就是最准确的，也是最简单有效的做法。

考核不能太理性

我再来问你一个问题：考核应该是客观的还是主观的？我提供三个选项：第一，必须绝对客观；第二，可以完全主观；第三，以客观事实为基础，加上必要的主观判断。选择哪一个呢？答案是选三。也就是说，考核要以客观事实为基础，但是没必要追求绝对的客观。我举个例子，你有一个下属，按照客观的工作表现，本来应该拿C这个等级，但是你发现这个下属虽然绩效不算很突出，但最近一段时间有明显的进步，而且积极性很高，请问这个时候，你可不可以破格给他一个B等级的评价，以更大程度地激发他的工作热情呢？当然可以。制度是死的，人是活的，人力资源管理的目的是“活用”员工实现战略目标，能够“活用”员工的主管才是真正有领导力的主管。

很多企业对于考核中带有主观意识的现象非常排斥，它们担心一旦带有主观意识，考核就会变得不够公平公正。言下之意，很多主管会刻意地对员工进行不公正的评价。这显然有些杞人忧天了。通常来说，主管是没有动机去做这种不公正的评价的。只要经营者或高层给主管的考核是基于原则性的，主管就没有理由不讲原则地对下属进行考核。因为他实现团队的目标还要仰仗下属，怎么可能自己去搅坏这锅汤呢？

有人曾经跟我讲，他们企业曾经也做这种ABCDE的定性考核，而且按照考核等级强制正态分布的原则来实施，结果很多主管在考核中采用让下属“轮流坐庄”的做法，这次你得A，我得B，他得C……下次轮换，以此类推，最后让所有下属利益均沾，实现了“平均主义”。在这些企业看来，出现这种现象是由于考核不够量化造成的。其实这是一个错误的结论。主管采用“轮流坐庄”的做法，恰恰说明他们希望考核结果客观公正。因为他们不希望这种强制正态分布的做法打击下属的积极性，但是由于公司的硬性要求又不得不实施，折中的办法只能是“轮流坐庄”。主管希望不破坏团队的士气和工作热情，他自身没有任何问题。真正的问题是什么呢？是这个企业里面，绝大多数人的工作表现相差无几，很难有效区别开来。本来大家的表现都差不多，你却要进行强制正态分布，你让主管怎么做？那么为什么员工的工作表现都相差不多呢？很可能是这家企业没有清晰的战略、缺乏创新，所以员工的能力成长普遍缓慢，优秀人才没有涌现出来，这不是靠“强制正态分布”能解决的问题。很多企业有个误区，觉得要通过绩效考核把员工分出“优良中差”出来，否则考核就失去了意义。但问题在于，你分不出“优良中差”的根本原因是员工能力“同质化”，这跟考核没有关系。你总不能非把“不好的”说成“好的”，或者非把“好的”说成“不好的”吧？

为了获得“客观”的考核结果，不少企业都采用成果主义的考核模式。所谓成果主义就是指企业对提高业绩的员工增加薪酬，反之对那些无法提高业绩的员工几乎不支付什么额外的薪酬。然而现实情况却是，即使企业打算通过成果主义来促进员工的工作积极性，最终仍然无法依愿而行。尽管对那些能够顺利完成所定目标、取得一定成绩的员工的确应该予以奖励，然而与此同时，企业如果不能对那些虽然没有实现预定目标、但是依旧为实现这个目标付出辛劳的员工给与应有的认可的话，终究无法全面提高员工的工作积极性。**因此在对员工进行评价考核时，并非依靠几个数字就能解决问题**。

所以，**考虑到上述这种人情世故和人的心理特征，在评价一名员工时不能完全按照理性来进行**。员工业绩提高了就增加奖金，业绩下降了就减少奖金的这种成果主义做法，虽然一眼看上去非常客观，然而在以不少大公司为首的企业采用之后，并没有产生很好的效果。其根源还是在于这种做法最终会使员工丧失工作积极性。

——摘录于《创造高收益（贰）——稻盛和夫亲自讲述活用人才的16个重要问题》

正如稻盛和夫所说，考核不是通过几个数字就能解决问题的。如果你用完全量化的方式考核员工，反而很容易打击员工的积极性。因为很多结果都不是员工能掌控的，你不分青红皂白地给员工打差评、扣奖金，最终只会让整个组织的士气越来越低。

稻盛和夫还说，在评价一名员工的时候不能完全按照理性来进行。我想补充两句，第一句是：**做事要尽可能理性，管人要适当感性**。如果你认真观察，会发现很多企业的做法是把这句话颠倒过来的。在这些企业，做事很感性，经营者和管理者很多决策都是拍脑袋，工作也不按照PDCA循环来，但是做绩效考核却追求极致的理性，完全搞反了。第二句是：**对客户要讲客情，对员工要讲人情**。很多企业的经营者或HR告诉我，他们企业的主管在做绩效考核的时候会讲人情。我想说，会讲人情就对了。员工是活生生的人，不能把他们当成机器，人是有感情有思想的动物，为什么要拿着冷冰冰的数字去考核他们呢？这样能做好人力资源管理吗？你和客户之间只谈生意，不谈客情吗？如果是那样，你多半是个拙劣的销售人员。同样，对员工也是要讲人情的，这甚至是领导力中很重要的一部分。

对“绩效考核”的澄清

在这里，我觉得有必要对“绩效考核”这个概念做一个澄清。大多数人听到“绩效考核”这个词的第一反应就是要“对绩效成果进行评价”，但是这样一来，主管的关注点就会直接放在“绩效”上，对“人”的关注度就会大幅削弱。问题是，如果这是应有的状态，那“绩效考核”跟“人力资源管理”又有什么关系呢？为什么要让人力资源部来推动“绩效考核”工作呢？所以，很显然，这是大家的一个理解偏差。所谓“绩效考核”，正确的理解应该是“对员工表现进行评价”，而不是“对绩效成果进行评价”。只有当主管要“对员工表现进行评价”的时候，他的关注点才会真正放在“人”身上。那如何“对员工表现进行评价”呢？很重要的方法就是“相对比较”，比如观察员工在整个团队中的相对表现。如果你对团队中的一名员工给出A或B的评价等级，那就相当于告诉团队中的其他成员：“请大家以他为榜样，学习他的工作方法和工作态度”，这样有利于主管更好地领导和管理团队，这是横向的观察方法。当然还有纵向的观察方法。比如，同一名员工，他最近的工作表现相比以前有较大的进步，你因此给他一个A或B的考核等级，就等于是告诉他“你的进步我都看在眼里，请继续努力吧”，他是不是会因此而大受鼓舞，更加努力地工作？这才是真正的人力资源管理啊！

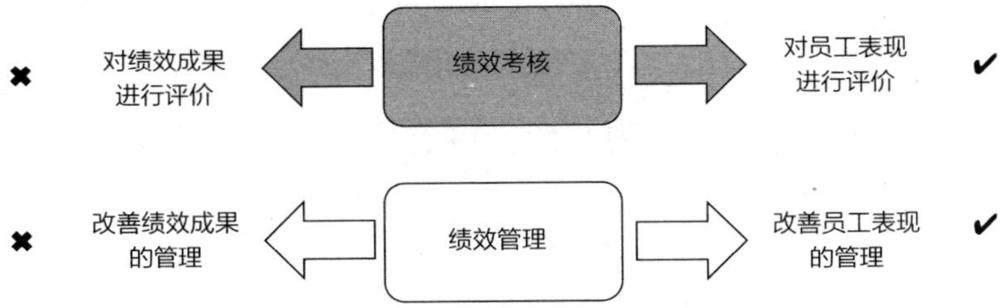

有人说，不能只做“绩效考核”，要做“绩效管理”。但是，如果你不纠正上述对“绩效考核”的认知误解，即便把这个称呼改为“绩效管理”也无济于事。很显然，所谓的“绩效管理”，也并不是“提高绩效结果的管理”，而是“改善员工工作表现的管理”。你想想看，人力资源部哪有能力去提高员工绩效呢？这根本就不是他们擅长的呀！因此，所谓绩效沟通、绩效面谈、绩效辅导这些工作，其目的都只是为了“改善员工工作表现”。你可能会说：“员工工作表现”改善了，那绩效肯定也应该相应提升啊。理论上当然应该是这样，但实际上存在很多不确定因素，比如目标定的高低、企业内部的协作情况、外部市场环境的好坏，等等。最后，还有最重要的一点：企业的战略是否清晰且正确。很多时候，如果员工表现都比较令人满意，而最终绩效却不好，恰恰是企业应该进行战略反省的信号。

最后，我总结一下。考核其实是一个辅助性的手段，不要把它当成管理的核心。有个老板曾经去日本的京瓷公司参观，回来跟我说京瓷公司很早以前就开始弱化绩效考核了。他有些不解，问我到底是为什么。其实很简单，考核本身是不创造附加价值的，而且只要一考核，就会把人分成三六九等，肯定会有人抱怨。而且无论你怎么考核，都不可能保证绝对公平，考核越多，麻烦就越多，矛盾就越多。因此，对于考核，能简化就简化，弄得这么复杂，就等于向员工传递一个信息：考核很重要，对你影响很大。员工的关注焦点就被吸引到考核上，反而弄巧成拙。你应该让员工的关注焦点始终放在工作本身，最好弱化考核。考核可以做，但不要复杂化，什么公式、指标、权重满天飞，用最简单有效的方式做就行了。要明白，业绩提升的核心不是绩效考核，是战略正确，是过程控制。

第十一章

CHAPTER 11

构建实力主义的薪酬体系

打土豪，分田地

在具体讲薪酬体系之前，我先给它定个位。薪酬的定位是“保健”，这是一个总体基调。所谓“保健”，直接的含义就是“保持健康”，可以理解为“让员工保持心态的健康”。所以薪酬的价值就是“让员工觉得拿着这份收入心里踏实”，这样员工就能保持工作的积极性，从而维持住现有的绩效水平。前面我们讲了“双因素理论”，明确指出薪酬就是保健因素。但是市场上大家都在喊薪酬激励，要把薪酬从保健因素变成激励因素，激励员工努力提高绩效。我在本书的前面章节已经证明，这样做是不可能成功的。想提高绩效，靠的不是积极性，而是有效的方法，也就是Know-how。而Know-how的开发必须通过战略来实现，因为员工没有资源，也容易各自为政，只有通过战略聚焦重点，才能集中力量办大事，找到突破业绩瓶颈的路径和方法。这一思路，本书已经反复提及，请不要怪我啰嗦。思维的改变不是一朝一夕的，必须反复敲打，反复锤炼，才能最终变坚定。

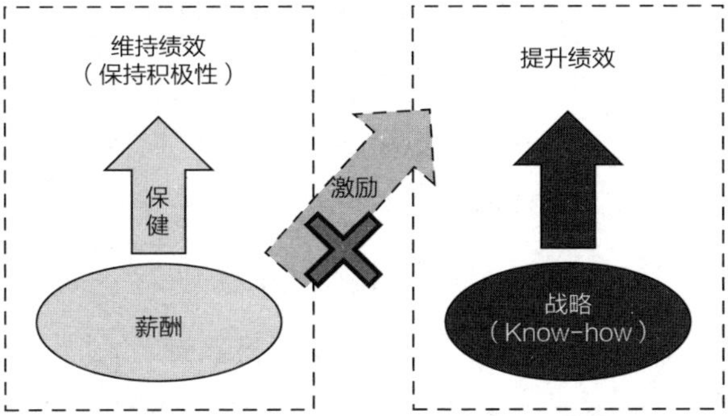

请看上面这个图。这个图分成左右两条线，左边这条线属于“人力资源管理”的范畴，它的关注点是“人”。薪酬主要解决的就是左边这条线，起的是保健作用，目的是“保持员工的稳定性和积极性”。右边这条线属于“目标管理”的范畴，它的关注点是“事”，是通过战略的实施和Know-how的构建最终实现绩效提升。现在很多企业的问题是不满足于只让薪酬解决左边这条线，还希望薪酬能解决右边这条线，把薪酬强行当成激励因素，激励员工努力提高绩效。这种做法就是稻盛和夫所说的“成果主义”。企业存在的很多问题和乱相，就是由成果主义带来的。实施成果主义的企业，往往有忽视战略的倾向。因为既然经营者认为绩效可以通过薪酬激励的方式来获得，怎么会花时间去研究战略呢？很多中小企业，之所以陷入业绩增长的瓶颈，问题就在这里，它们将人力资源管理和目标管理混为一谈，结果造成目标管理缺失，业绩成长缓慢，而人力资源管理也问题丛生。

你应该知道“打土豪，分田地”这句话，很多老板把这句话当成自己重视薪酬激励的理论依据。但其实大家对这句话的理解是有误的。有一次我在线下上课，一个老板站起来分享，他说：“以前我对‘打土豪，分田地’这句话的理解，就是要给员工分钱，通过这种方式激励员工努力提高业绩。今天听了您的课，突然想到光是讨论如何分田地，是打不倒土豪的，要打倒土豪必须研究战略战术才行啊。”我笑着回答说，太对了，就是这个意思。提出“打土豪，分田地”这样的口号，只能号召更多的人参与革命斗争中来，心中有了对未来的期望，就能保持士气，起到的就是“保健”的作用。但是“分田地”本身并不能解决“打倒土豪”的问题，要确保“打倒土豪”，就必须制定正确的战略战术，积累Know-how才行。反之，要是一直“打不倒土豪”，原本积累起来的士气很快就会泄掉。所以，真正重要的事情是“分田地”还是“打倒土豪”呢？不用我多说了吧？

成果主义的问题

如果你的价值观是成果主义，非要用薪酬去激励员工拿业绩，会带来一系列问题。我在这里讲几个比较常见的，你对照一下自己的企业，看是否存在。

第一，员工薪酬会剧烈波动。很多经营者没有意识到，这是一个严重的问题。为什么会剧烈波动呢？因为影响业绩的主要因素并不是员工是否努力，而是外部市场环境，一旦市场环境发生大的变化，员工薪酬就会跟着剧烈波动。其实，就这一个现象，已经明确告诉你，员工根本无力左右业绩的涨跌。以前企业的业绩增长，主要是因为市场环境好，并不是因为你的激励制度多么有效。

> 京瓷的经营是按照实力主义，而欧美有很多企业却采取成果主义。欧美派的成果主义是将薪酬与工作成果直接挂钩，采取激发员工物欲的方法。在这样一种人事制度下，如果取得巨大成就，就能得到

巨额报酬，如果不能提升业绩，则会被减薪甚至被解雇。

我很早以前就认为经营者必须具备能够洞察他人心理的能力。业绩提升了就能得到高报酬，能够调动员工的积极性，从短期来看，成果主义或许是有效的经营方法，但是，业绩不可能一直上升，总会有回落的时候。人的心理是很不可思议的，一旦业绩提升并拿到高额报酬之后，就会在无意中习以为常。所以当业绩恶化、报酬减少时，“由于业绩不好，所以减薪理所当然”这么理性思考的人几乎不存在。于是，士气会一蹶不振，对公司的不满也会日益郁积，公司经营也就不可能取得成功。

……

当业绩出现滑坡、薪酬被削减时，大多数员工就会心怀不满、怨恨和嫉妒，所以从长远的眼光来看，成果主义反而会使人心涣散。

——摘录于稻盛和夫（日）《阿米巴经营》

薪酬剧烈波动最大的问题就是导致员工士气被打击，本来你想通过薪酬来激励员工，结果事与愿违，变成了负激励。不要去学华为的做法，绝大多数企业都是学不了的。你想想看，假设华为的一名员工年收入从100万降到60万，他还是会继续安心地在华为工作，因为很难找到其他比华为更好的企业了。但是如果你的一名员工年收入从30万降到18万，他恐怕就完全接受不了了，很难在你的企业继续待下去了。这种制度对于华为这样的企业来说，伤害并不明显，华为本身有充足的人才储备，就算有一定的人员流失，问题也不大。当市场环境不景气的时候，这些企业甚至主动砍掉一些业务，进行适度的裁员，当市场环境转好的时候，凭借它们的品牌力和高薪条件，又可以很快把人给招回来。但是对于绝大多数其他企业来说，特别是中小企业，经不起这样的折腾，核心员工可能会因此流失。所以，实施成果主义制度对于中小企业的伤害要远远大于像华为、腾讯那样的超大型企业。

第二，员工会变得很难管理。由于业绩跟收入紧密挂钩，谁还愿意去做难的事情、有挑战的事情？跟业绩没关的事情也没人愿意干，但有些事情员工认为和业绩没关系，实际上是有关系的。总之，员工会变得更浮躁。

第三，企业会变得越来越僵化。员工收入完全由业绩提成或是绩效奖金来支撑的话，任何变革只要对员工的收入造成影响，他都会极力抵制。比如，你想把销售区域或者客户资源进行重新调整和分配，这就动了员工的奶酪，会造成激烈的反应。

第四，员工依旧可能躺平。不要以为搞了提成制度，员工就会拼命工作。员工只要手上有一些优质客户资源，就可以躺在上面睡大觉。而新来的人因为手上没有什么优质客户资源，很难拿到业绩，所以就留不住，来了又走，走了又来。提成制度反而变成了员工躺平的温床。比如销售人员依赖现有的老客户资源，每个月可以稳定实现2~3万元提成收入，他就可能满足于现状，他当然知道提成制度的核心是“做得越多，拿得就越多”，问题是想拿得多，需要付出的努力和代价也很大啊。所以，金钱刺激其实没有你想的那么有力量，除非员工认为实现目标比较容易，他才会打起精神。而一旦遇到困难和阻碍，立马就会泄气。

第五，员工为了个人利益伤害企业和客户利益。这是很显然的。把薪酬与绩效挂钩从制度上传递的价值观就是：请一切从提高自己收入的角度出发拼命工作吧。既然如此，什么客户的利益、企业的利益，只要对员工赚钱形成了阻碍，都是可以放弃的东西。

第六，当实施目标考核时，员工会极力抵制设定高目标。因为目标越高越难达成，员工会找各种理由来证明高目标是达不成的。员工这样做可以理解，他不能让自己的收入没有保障啊。在员工极力抵制之下，企业往往就会妥协，定出一些较低的目标，而低目标会导致创新停滞，企业变得更加墨守成规。

第七，在实施目标考核的时候，员工把本应当期实现的业绩推到下一期。这叫做细水长流，做销售的都懂这个。

还有很多，我就不一一说明了。

这些问题背后的原因，都是因为你把薪酬当成激励因素，单纯用薪酬去激励员工拿业绩所造成的。如果这种观念不改变，这些问题很难从根本上得到解决。

岗位评估已成过去式

企业的薪酬结构应该怎么设置，这取决于我们的价值观，即我们认为到底什么是最重要的。成果主义的价值观认为业绩成果是最重要的，所以，体现在薪酬结构上，就是利用高额的提成和奖金与员工绩效进行绑定。但是，我们前面讲过，要实现数字目标，必须找到有效的方法，没有正确的方法，没有Know-how，如何实现高目标呢？而掌握Know-how的人，就是有实力的人。所以，我们应该以实力主义的价值观来构建薪酬结构。

下面这个图就是实力主义的薪酬结构：

薪酬 = 岗位工资 + 资格工资 + 绩效工资 + 年终奖金 + 福利

在这个薪酬结构里，你认为哪一部分应该占主体？答案是资格工资，资格就是实力的代称。企业的所有岗位都可以应用这个薪酬结构，还是不同的岗位需要不同的薪酬结构？我的答案是这个薪酬结构可以适用于所有岗位。企业之所以会针对不同岗位设置不同的薪酬结构，原因是把薪酬当成了激励因素，因为不同岗位的工作性质和特点不同，所以使用不同的激励方式，比如针对销售岗位、技术岗位设置专门的薪酬结构。但是，如果让薪酬回归保健因素的定位，不考虑激励的问题，那么所有岗位的薪酬结构就可以统一起来。接下来，我依次对这个薪酬结构的各个部分加以说明。

先说岗位工资，公司内每个岗位都有一个相对价值，你直接做一个岗位评估就可以了。从最传统的人力资源管理的角度来看，岗位是很重要的。只要翻开任何一本大学人力资源管理教材，上面就会告诉你，进行岗位分析和评估是人力资源管理最基础、最重要的一项工作。但是，时代是发展的，大学教材是以西方最早期的管理理论为蓝本的，几十年来几乎没有什么变化。我从 2001 年参加工作以来，到现在已经 20 多年，但是人力资源管理理论的发展还是非常缓慢的。可以说现在市面上各种书籍讲的内容跟我 20 年前接触的理论几乎没有什么大的或者本质性的改变，20 年前企业所存在的人力资源管理问题，现在依然大量存在，没有解决方案，以至于当你在看这本书的时候，感受应该是极具颠覆性的，跟你在现实工作中的体验和遇到的问题完全一致。这个世界已经发生了翻天覆地的变化，相应的理论也到了必须进化的阶段。

经典的人力资源管理理论是以西方物质稀缺的年代为背景的，那个时候几乎所有企业的生产都供不应求，最核心的管理思想就是如何提高生产效率（泰勒的《科学管理原理》就诞生在那个年代）。为了提高生产效率，工作岗位是极度标准化的，每个岗位的工作内容也是极度标准化的。在这样的前提下，每个员工所发挥的作用主要就由岗位决定了。所以，要决定每个员工的薪酬，自然要先对岗位的价值进行评估，评估的内容包括工作的难易度、复杂度，等等。谁的岗位价值大，谁的薪酬就高。但是现在情况完全不同了。几乎各行各业都出现了产能过剩，市场从过去的卖方市场变成了买方市场，一切是以市场为中心，以顾客为中心。市场变化了，企业的战略就要变，战略变了，组织和岗位就要变，所以岗位就变得不那么稳定了。即便岗位是稳定的，岗位所承担的工作内容也不稳定。这样，要对一个岗位的价值进行科学评估就变得比较困难。你想想，在你的公司，岗位说明书齐全吗？所有岗位说明书都在与时俱进地进行修改和完善吗？我敢说，很多企业甚至没这个东西，就算有，恐怕也早就束之高阁，鲜有人问津了。最关键的是，岗位的重要度也在下降。同样一个岗位，由不同的人任职，工作的绩效可能会产生很大的区别。另外，不同的岗位，很难将它们的价值进行对比，你说技术主管、生产主管和销售主管，哪个岗位的价值更大？很难说，这取决于哪个任职者的能力更强，能为企业创造更大的价值。你看，在当下的社会背景下，岗位价值已经渐渐变得不那么重要了，更重要的是在这个岗位上任职的人的价值。人的价值体现在哪里？就体现在他们的能力水平上。所以，薪酬制度应该以“能力”为中心来构筑。

当然，岗位价值评估还是可以做的，因为从大的层面还是可以粗略划分的，比如清洁工和研发岗位的价值还是可以区别的；另一方面，如果企业从战略上特别重视研发或销售岗位，也可以直接赋予这些岗位更高的价值，有利于吸引和留住人才。但是我建议公司内自己简单做就行了，不用找咨询公司，因为不需要评估得很精确，也不可能评估得很精确。

用课题和专业技能评估实力

接下来就是资格工资。资格工资是最能反映实力主义价值观的部分。为什么叫做实力，而不叫做能力呢？因为二者还是有些区别的。

能力是一种统称，包括外部认定的能力和内部认定的能力。外部认定的能力，包括学历、职称和职业资格证书等。外部认定的能力，主要作为招聘时的门槛，目的是提高招聘的效率。员工一旦进来之后，就不再重点关注了。

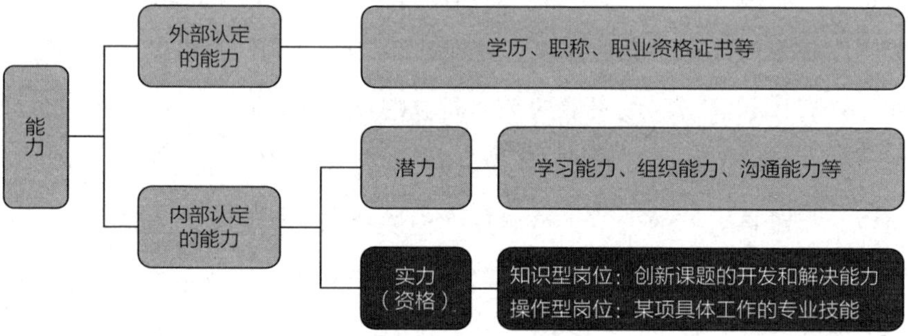

我们主要看的是内部认定的能力。而内部认定的能力，又包括潜力和实力两种，所谓潜力就是潜在的能力，是内在的、隐性的，比如学习能力、组织能力、沟通能力，等等。潜力比较抽象，很难准确把握，而且一个人就算有潜力，不发挥出来也没有实际用处，所以，我们一般也不看潜力。

跟潜力相对应的就是实力，实力是指已经表现出来的能力。对于知识型岗位来说，实力就是创新课题开发和解决能力；对于操作型岗位来说，实力是指某项具体工作的实操技能。我们一般用资格等级来对实力进行评估。

以知识型岗位为例，岗位能力主要体现为创新能力，前面讲过，创新至少可以分为6个层级，从低到高分别为维持、调整、改善、改良、改革、开发（见下页图）。如果员工只做维持、调整的工作，对应的资格等级就会比较低，较低的资格等级对应较低的工资等级。如果员工有能力解决改善、改良的课题，对应的资格等级就为中等，中等的资格等级对应中等的工资等级。如果员工有能力解决改革、开发的课题，那么就可以对应较高的资格等级，较高的资格等级对应较高的工资等级。

创新水准	资格等级	工资等级
开发	第十二级	44~48级
	第十一级	40~44级
改革	第十级	36~40级
	第九级	32~36级
改良	第八级	28~32级
	第七级	24~28级
改善	第六级	20~24级
	第五级	16~20级
调整	第四级	12~16级
	第三级	8~12级
维持	第二级	4~8级
	第一级	1~4级

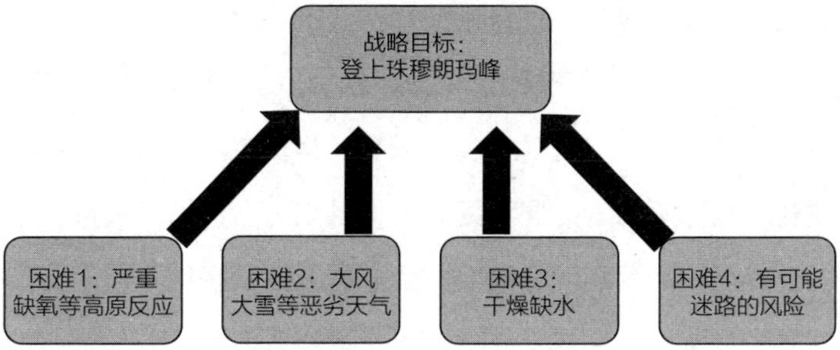

什么是课题呢？课题就是指难题，只要你去挑战高目标，就会遇到难题。这些难题对你来说就是需要解决的课题。比如你的目标是登上珠穆朗玛峰，这是一个很高的目标。那么你接下来要思考的是，实现这样的目标会遇到什么困难呢？比如，遇到严重缺氧，遇上大风大雪等恶劣天气，登山过程中会干燥缺水，还有可能会迷路，等等。如果你要顺利完成目标，至少先解决这四个难题。这四个难题就是四个课题。为了解决这四个课题，你要进行各种研究分析，拿出可靠的对策来。这些工作都是你以前没

有做过的，通过解决这些难题，就会提升你的能力。

课题是一个项目型工作，有着明确的起始和结束的标志。知识型岗位的员工参与资格评估应该提供课题报告，课题报告需要清晰地说明员工完成这个课题的整个PDCA过程，内含大量的数据分析和逻辑论述，这些课题报告就是沉淀Know-how最好的工具。课题与企业的战略有直接关系，为什么你的员工没有课题？答案是企业缺乏明确的战略，员工找不到课题。为什么要用课题的完成情况来评价员工的能力？因为员工的能力如果有所增长，就需要给员工提高资格工资，而如果此时公司的业绩没有增长，市场竞争力没有提升，那么给员工提高工资就有风险。而如果课题来自战略的分解，课题能很好地被完成，说明企业的战略也得到了相应实现，那么给员工提高工资收入就是一个非常合理的行为了。让员工通过解决课题提升能力，当课题解决之后，企业的战略也得到相应实现，企业的市场竞争力提升，业绩也增长到一个新的水平，在此基础上给员工提高收入。如此往复，就形成了一个良性循环。这就是我们为什么要用“实力”来对应资格工资，而不用“潜力”的原因。很多企业也做能力评估，但是更多地使用“潜力”来评价员工，问题是，当员工的“潜力”提升时，企业的业绩和市场竞争力未必同步提升，如果因为“潜力”提升而给员工涨工资，就会有风险。薪酬的分配要与企业的战略紧密结合起来，要能够配合战略的实施和落地，这就是战略性的薪酬管理思维。

同样，对于操作型岗位也可以建立类似的资格等级。操作型岗位主要包括直接从事生产、服务和销售的岗位。对于操作型岗位而言，员工的主要工作并非创新，而是通过自己掌握的专业技能直接达成相应的业务目标。因此，对操作型岗位而言，需要将其技能水准进行分级描述。比如，对于销售岗位的员工来说，能否有效地运用销售Know-how就反映了不同的技能水准。有些员工与顾客建立客情关系比较吃力，不懂得如何引导顾客关注痛点，也表达不清产品的卖点，迟迟打不开局面；而有的员工非常善于利用各种机会与顾客建立客情关系，沟通痛点和卖点也非常顺畅，能够快速推动销售工作产出成果。如果员工想提升自己的资格等级和资格工资，就要主动提高自己的专业技能，这些专业技能来自企业的Know-how，与业绩提升存在直接的因果关系。因此，只要员工提高了自己的专业技能，企业就可以通过资格工资为员工提高收入，这就是稻盛和夫所讲的“精神和物质两方面的幸福”。势必会极大地刺激员工努力奋斗的决心。资格等级实际上给员工提供了一条能力成长的通道，员工只要沿着这个通道往前走，就能不断提高自己的专业技能，你想想看，这对于员工的成长发展而言，是多么大的帮助。相比之下，如果直接给销售人员发提成工资，就算员工想努力，他也不知道该如何努力，朝哪个方向努力。很多企业都宣传自己非常重视对员工的培养，但是，如果企业没有建立相应的Know-how，就无法明确员工的能力成长通道，“培养员工”就成为一句空话。

这里有一点需要重点说明：工作内容不同，对应的Know-how不同，员工的能力成长通道也不同。举个例子，销售同样的产品，销售对象和销售模式不同，对应的Know-how就存在很大的区别，比如面向大客户销售和面向中小客户销售不同，上门拜访销售和会议销售不同，线上销售和线下销售不同。同样是线上销售，图文、短视频、直播和私域销售均不同。同样是线下销售，直接销售和渠道销售也不同。同样是直接销售……明白了吧？如果你不对销售对象和销售模式进行选择与集中，那就意味着你需要探索多种完全不同的Know-how，会严重分散企业的资源。这还只是销售岗位，其他岗位也是一样的，比如开发、设计、制造、品质，等等。就拿我们前面举过的案例来讲，同样是生产，生产羽绒材料和生产羽绒制品的Know-how是一样的吗？设备密集型生产和劳动密集型生产所需要的Know-how是一样的吗？同样是开发一款工业设备，用于陶瓷行业和用于食品饮料行业的需求是一样的吗？背后所需要的Know-how是一样的吗？很显然，都不一样。所以，如果你不对市场进行选择与集中，就意味着企业需要探索各种五花八门的Know-how，员工也需要建立五花八门的能力，否则企业无法在竞争中获胜。而员工能否建立起五花八门的能力呢？很难，特别是中小企业。很多中小企业为什么发展极其缓慢，原因很简单，经营者没有在战略上聚焦，想要的东西太多，导致在任何一个领域都做不出深度。很多时候，我们观察，如果企业的员工普遍能力成长缓慢，那大概率就是企业的战略出了问题，没有进行选择与集中，导致员工的能力成长通道不清晰。

资格工资的价值

采用资格工资有很大的好处。首先，员工的收入更加稳定，不会产生大幅波动。企业业绩很多时候受外部市场环境变化的影响很大，如果采用提成工资或者业绩奖金，员工收入就会剧烈波动。市场环境好的时候，员工收入会涨得很高，但是员工的能力其实没有发生太大的变化，企业付出如此高额的薪酬成本，到底发挥了什么作用呢？实际上没有什么明显作用。有时不仅没有起到什么作用，反而给员工造成错觉，认为自己“值得拥有这样的高收入”，吊高了员工的胃口。而一旦市场环境转差，员工的收入大幅下降，员工就会怨天尤人，工作状态明显变差，甚至一蹶不振。

其次，资格工资有利于留住真正有能力的员工。很多时候，业绩好的员工不一定是真正有能力的员工，受到很多客观因素的影响，比如员工所负责的区域、产品和客户不同，拿到业绩的难度就会大不相同，如果单纯采用提成工资或者业绩奖金的收入分配方式，实际上并不公平。我曾经接触过一家工业品制造企业，其销售部门分为国内和国外两个部分。当年国外市场出乎意料的火爆，负责国外市场销售的是几个攻读英语专业且刚毕业不久的年轻女孩子，她们坐在办公室里喝着咖啡就能接单接到手软。而负责国内市场销售的都是些非常有经验的销售骨干，当年国内市场的销售情况不那么乐观，很多销售人员顶着烈日去拜访客户，费尽周折才好不容易谈下来一些订单。几个月下来，负责国外市场销售的年轻女孩子个个月入四五万，赚得盆满钵满。而负责国内市场的销售骨干每个月收入才七八千元。很多销售骨干都是30岁左右的男性，是各自家庭收入来源的重要支柱，对提高收入的欲望非常强烈，他们不满足于当下的收入，很多人提出了离职，国内市场的销售变得更加严峻。一两年之后，随着国外市场逐渐沉寂下来，那些负责国外市场销售的年轻女孩子们收入大幅下降，于是，她们也陆续离开了，企业彻底陷入困境。单纯根据业绩成果来支付薪酬的做法实际上是非常不合理的。这家企业不仅没有留住那些优秀的销售骨干，最后连那些年轻女孩子也没能留住。而企业曾经为她们支付过每个月四五万元的高薪，到底有何意义呢？你不妨认真思考一下。

最后，资格工资能够让员工更愿意挑战高难度的工作。在成果主义分配机制下，员工是不愿意做有难度的工作的，因为这不利于他获得高收入。我曾经给某知名企业进行辅导，当时企业想以某地区营销团队作为试点，探索出一条绩效变革的思路。对于区域营销团队负责人来说，收入的很大一部分来自业绩奖金，而业绩奖金是以“同比增量提成”的方式来计算的，比如今年的业绩同比去年增长了3000万元，那么就以这个3000万元为基数，再乘以一个事前约定好的提成比例，就是他的业绩奖金收入了。当年该地区的业绩由于外部市场环境不景气，比上年同期下滑了一大截，而且该地区在企业所有区域中属于长期发展较为缓慢的地区，本来应该利用这个机会对该地区业务进行深刻反思并进行较大程度的改革，但该地区的负责人却并不希望这么做，他更希望采用“保守疗法”。因为当年的业绩虽然下滑严重，但同时也意味着明年计算业绩奖金的基数也大幅降低了，明年实现业绩同比增长的概率就大大增加了。如果现在对地区业务进行重大改革，就有可能对明年的业绩获取产生较大的不确定性，相比之下，在过去工作的“延长线”上稍做优化并静待明年市场回暖才是相对保险的做法。该地区负责人虽然显得过于僵化和保守，但是你也很难过多地指责他，因为收入分配方式决定了他的行为，这是企业薪酬制度引导的结果。相反，如果采用资格工资，情况就完全不同了。这意味着员工想要提高自己的收入，并不是只看最后的业绩，而是要切实提高自己的能力，做高难度的工作恰恰就是最有利于提高员工能力的途径。因此，员工不会害怕改革，会更乐于接受有挑战性的课题，也更愿意努力提高自己的专业技能，这就为战略的实施和落地创造了有利的前提。

有人担心，企业如果采用资格工资，员工会不会摆烂或者躺平？毕竟薪酬不与绩效直接挂钩，员工岂不是可以躺在资格工资上睡大觉？这种担心听起来很有道理，但实际上并不足以成为一个大问题。首先，资格评价可以每年进行一次，员工可以申请资格“保级”或者“升级”，也就是说即便他不打算“升级”，也需要“保级”。资格评价看重的是“实力”，所谓“实力”，就是“表现出来的能力”，所以一定会关注员工的绩效，只是不把薪酬与绩效直接挂钩而已，着重判断的是“能力与绩效之间的因果关系”。其次，不只有资格评价，还有每月或每季的绩效考核对员工形成一定的约束。最后，也是最主要的一点，大多数人认为员工摆烂或者躺平是基于一个前提或假设——“员工厌恶工作”，但是这一点难道不能改变吗？如果员工能力提升后对工作产生了兴趣和成就感，产生了内驱力，这种动力是你拦都拦不住的。你见过有内驱力的员工吗？有内驱力的员工甚至嫌上级的要求太低，会推着上级往前走。只要员工不断地提升能力，就不会摆烂或躺平。你相信学习成绩名列前茅的学生会突然躺平吗？还是更担心那些长期吊尾、已经对学习丧失信心的学生躺平呢？显然是后者。人只有在内心迷茫的时候才会躺平或摆烂。还是那句俗话：“有头发谁想做癞痢？”说白了，“员工厌恶工作”正是企业经营管理和人力资源管理的重大失败，也是成果主义结出来的恶果。

企业每年进行一次能力评估，其实也是一次人才盘点。企业的后备人才梯队也可以同时建立起来。具体做法在本书的前作《当薪酬不再与绩效挂钩》中有更具体的论述，有兴趣的读者可以自行查阅，在此我就不再赘述了。

四两拨千斤

接下来我们谈谈绩效工资。这部分工资对应的就是绩效考核的结果。请注意，这里叫做绩效工资，而不是绩效奖金，说明这部分薪酬是相对稳定的，并不是跟绩效成果直接挂钩的。绩效工资根据考核等级ABCDE确定，不同的考核等级所对应的绩效工资金额不同。大家觉得每个等级金额之间的级差大一点好，还是小一点好呢？你心里想的是不是大一点好？那是因为你还没有摆脱成果主义的思考方式。答案是小一点好。前面我们讲过，考核会把人分成三六九等，很容易造成员工的抱怨和不满。既然如此，让级差小一点比较好。很多经营者之所以很难接受定性考核，是因为他们担心考核结果会对员工收入造成很大的影响，而定性考核相比定量考核更容易引起争议。他们的担心是有道理的，所以我们不能给考核工资设置很大的级差，否则就是自找麻烦。

过去，企业把绩效奖金弄得很高，是希望通过这种办法激励员工提高绩效。但是现在你应该能明白，要提高企业的业绩，不能让员工自己想办法，而是要通过战略，投入资源，用系统的力量去提高企业的业绩。所以在这个时候，就没有必要设置很高的绩效奖金了。我们只要设置少量的绩效工资就好了，而且级差不要太大，这样，主管在给员工做考核的时候，压力自然就会小很多。

薪酬主要起到保健的作用，很难起到激励的作用，所以不要总想用大量的金钱和物质利益刺激员工，这样不仅起不到什么实质性作用，还会带来很多负面效应。如果只是让薪酬起到保健作用，那就简单了。还记得我在本书前面讲过的百米跑的案例吗？无论绩效奖金是2万元、10万元，还是100万元，你都能且只能跑到13秒。也就是说，为了让你发挥最佳状态，跑出你的最好成绩，奖金是2万元、10万元和100万元是没有差别的。其实，经营者完全不用担心员工没有压力和动力，仅仅采用精神层面的手段就可以解决员工的动力问题。比如，对于中高层管理者的绩效考核结果，统一张榜公布，对于中高层管理者有压力吗？他们会完全不屑一顾吗？不会的，对吧？你再想想在学校参加运动会拔河比赛时，你是出于奖金等物质利益才全力以赴的吗？不是，仅仅为了团队的荣誉感都会让你拼尽全力，对吧？所以，为了确保员工全力以赴地工作，在考核工资这里设置一个“四两拨千斤”的金额就足够了。至于员工能不能达成最终的绩效目标，这不是薪酬制度能解决的问题，必须通过目标管理才能解决。你明白了吗？

不要提前分配

再往下就是年终奖金。我们在员工收入分配上有一个原则，就是把分配的时间往后推，而不是提前。什么是提前分配呢？比如提成工资、计件工资、绩效奖金就是提前分配，是老板为了让员工更容易计算自己的收入采取的比较简单直接的分配方式，这样做其实是因为过于依赖员工去提高业绩。但是问题在于，这样做首先容易造成部门间的收入差距过大，带来内部的不和谐。另一方面，也有可能造成公司的损失。比如，可能出现员工赚得盆满钵满，但是公司却不赚钱，甚至亏损的现象。这样的企业能够长久吗？显然不能。

所谓把分配时间推后，就是要让全体员工齐心协力把公司的利润这个蛋糕做大，然后再从蛋糕中切出一部分，按照个人的价值进行分配。这就是我们所说的年终奖金。

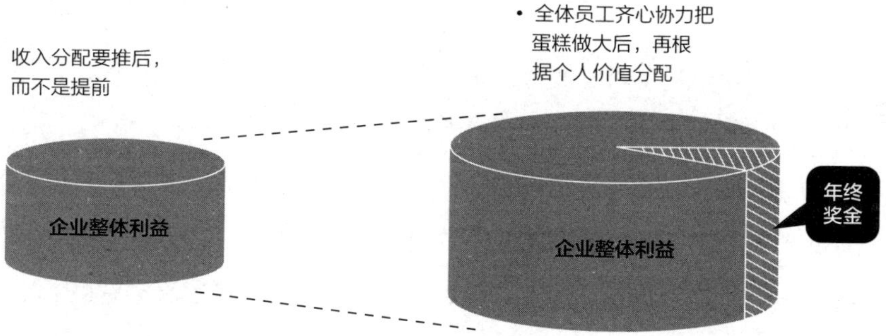

请注意，这里说的是按个人价值进行分配，不是按个人贡献进行分配，为什么呢？因为贡献是很难分清的。公司的产品好卖，你说是研发部门的贡献大，还是生产部门的贡献大，还是销售部门的贡献大？很难说清楚，大家本来就是一个相互协作的团队。甚至人力资源部门都可以认为这是自己的功劳，因为自己招聘的人才优秀。另外，同样是销售部门，大家负责的区域不同、产品不同、客户不同，也不能简单进行比较。所以，区分贡献是一个“送命题”，稍有差池很容易打击员工的积极性。还有，员工其实是在企业这个平台上工作，很多时候取得好的绩效成果并不都是他的贡献，比如企业为了实现某个战略目标投入了大量资源，这时候员工的工作更像是“探囊取物”，简单地把所有成果都当成他的贡献显然有些不太合理。所以，按照价值来分配比按照贡献来分配要更科学，更合理。

那价值该如何衡量呢？其实很简单。价值包含两项，一项是岗位价值，另一项是能力价值。岗位价值体现在岗位工资上，能力价值体现在资格工资上，把两项加起来就是员工的基本工资。另外还有一项是绩效工资，因为这一项的占比很小，你也可以把它直接加上去，作为基本工资的一部分。当然，不加也可以。

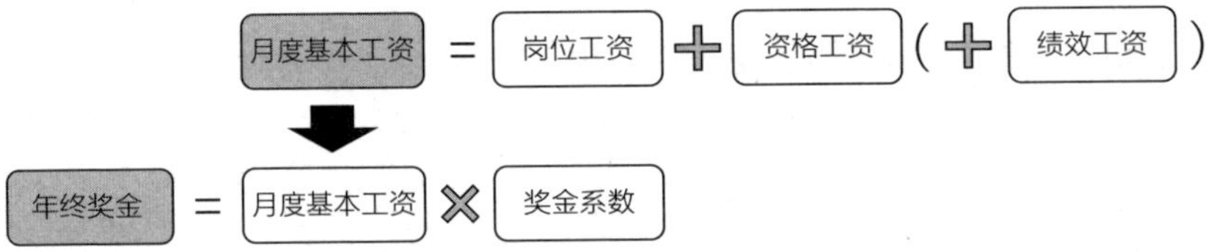

那年终奖金该如何分配呢？就是直接用基本工资乘以一个奖金系数。岗位工资由岗位决定，资格工资根据能力变化每年进行评估，绩效工资每月或每季度进行评估，然后按全年进行月度平均。前面三项工资加起来就是你的月度基本工资。那么奖金系数按什么得出呢？这个就要根据公司当年所赚的利润，由老板或者董事会划出一个比例，由利润的多少和比例的大小来决定。举个例子，公司在年终根据当年的盈利情况直接明确发放5个月的工资作为奖金，所以奖金系数就是5。每个人的年终奖金就直接用自己的月度基本工资乘以5就可以了。其实，这种年终奖金的分配方式已经被很多企业采用，很多外企和国企都在使用。

你看，这样做是不是非常简单和方便，而且也避免了很多不必要的争论？很多企业每年为了分年终奖搞得非常头疼，每次分钱的时候都要绞尽脑汁地区分员工的贡献，每分一次钱就要耗费大量的时间和精力来做方案，稍有差池就会打击很多人的积极性，何苦呢？做这些事根本就不创造价值，有那么多时间和精力为什么不用来思考一下企业的战略，或者研究一下 Know-how？你分钱的目的原本是为了激励员工，结果天天害怕分得不好打击员工，你不觉得这种所谓的“激励”有点太脆弱了吗？

有人可能会说，这样分配年终奖金会不会有吃大锅饭的嫌疑？我明确告诉你，不会。这里面有个原理，叫做延迟满足，就是不要急着去给员工兑现大量的收入，有能力的人一定比没有能力的人赚得更多，但是这种差异一定是反映在相对长期的待遇变化中。如果非要急于在短期分清员工的贡献，就会在短期内把员工的收益差距拉得很大，人为地造成员工与员工之间、员工与企业之间的冲突和矛盾。

你看，如果员工短期工作表现不好，首先会在绩效工资这里体现出来，当然，这里体现的差异并不明显。但这并不是问题，短期差异过大会导致主管的考核压力陡增，所以不能有太大的差异。如果员工连续多次绩效考核结果都欠佳，就会体现在能力评估上，资格等级是每年评一次，每次评完之后会影响员工下个年度每个月的资格工资。你看，这里的差异就显著放大了。然后，年终奖金是由岗位工资、资格工资和绩效工资三项之和作为基数来发放的，以这个基数再乘以一个奖金系数，就会把基数的差异再放大几倍。所以，你根本不用担心，不可能存在吃大锅饭的问题。而且，这样做的好处是，员工的收入差异是通过一个相对长期的过程，在不知不觉中就慢慢放大了，这样既减少了反复区分员工贡献的工作量，也减少了员工产生抱怨的几率。

命运共同体

薪酬制度反映了企业的经营理念。如果在企业的薪酬结构中，提成工资、绩效奖金是主体，这就是按贡献和成果来进行分配。这是在跟员工做交易。首先贡献是很难分清楚的，容易产生矛盾。同时，很容易导致员工的关注焦点发生转移。一旦是做交易，那对于交易的价格就会斤斤计较，员工就会整天思考交易价格是否合理，甚至动辄找老板进行薪酬谈判。另外，做交易也容易让员工滋生浮躁的心理。大家想想看，既然是做交易，肯定是找出价高的人做交易，所以，员工就会为了哪怕一点点的金钱利益轻易离职，于是老板又认为员工没有忠诚度，没有感恩之心，其实这也难怪员工，这是由薪酬制度传递的理念和价值观造成的。

我们认为薪酬结构的主体应该是资格工资，即按照实力和价值来进行分配，因为有实力的人就是掌握Know-how的人，按实力来分配就意味着企业更容易将人才和Know-how留在企业内，这样做有利于支撑企业长远的发展。同时按照实力支付薪酬，是对员工付出的体现——不是因为你帮公司赚了钱，公司给你涨工资，而是因为你自己的能力提高了，公司要给你涨工资。公司愿意为你的能力进行投资，并坚信这种投资一定会有回报。背后就是付出利他的理念和价值观。这才是真正的以人为本。这样的企业，追求的不是短期利益的共赢，而是与员工共同成长发展，是命运共同体。这样的企业，员工的稳定性和忠诚度一定是高的。很多企业经常说与员工实现“双赢”或者“共赢”，“双赢”也好，“共赢”也罢，前提是一定要“赢”，一旦“赢”不了，企业就开始出问题。所以，很多实施成果主义制度的企业在过去市场环境好的时候，感觉不到有什么太大的问题，一旦市场环境恶化，企业业绩增长停滞甚至萎缩，各种问题就开始爆发出来。

想实现企业的基业长青，我们应该打造的是命运共同体，而非利益共同体。很多企业都把员工叫做“家人”，整天跟“家人”做交易，不觉得有些别扭吗？

薪酬的公平性

很多人都说薪酬的公平性很重要，这个说法没错。古人也说：不患寡，而患不均。所以公平性是一个很重要的问题。但是薪酬的公平性是分成两个方面的：一个叫做外部公平性，另一个叫做内部公平性。你认为哪个更重要？大部分企业更重视内部公平性，但是，我告诉你，外部公平性比内部公平性要重要得多。员工认为内部不公平，一般来说只会抱怨，不一定会离职，除非这种不公平过于极端，这种情况发生的概率通常较低。但是，员工认为外部不公平，是会直接离职的。的确，员工爱打听别人的收入，爱跟别人攀比，所以你就认为区分每个人的贡献很重要，然后花大把的时间去研究如何分配才能让员工满意，想尽办法追求内部的公平性。但是你有没有想过，员工不止会跟同事比，还会跟他的同学比，跟他的亲戚比，跟他的朋友比，跟他孩子同学的家长比，甚至跟他小区的邻居比，这才是压死骆驼的最后一根稻草。

前面我们提到华为和胖东来，这两家企业都是近年来风光无限的企业，想进这两家企业的人早就排好了队，但是挤破了头也不一定进得去。华为和胖东来的人力资源管理理念差异非常大，甚至在很大程度上是相反的，一个强调"以奋斗者为本"，另一个强调一定要"快乐工作"，但是不妨碍它们两家都成为国民心目中的明星企业。你有没有发现，尽管两家企业的薪酬制度差异极大，但是有一点却是完全一致的。就是它们都给自己的员工提供了行业一流的薪酬水平，在这两家企业工作的员工，几乎没有抱怨薪酬低的。你说它们会没有内部公平性的问题吗？我不相信。但是，就凭员工拿着行业最顶尖的薪酬待遇，他们一定很珍惜自己的这份工作。所以，薪酬管理的本质一点都不复杂，向你的员工"提供行业一流的薪酬待遇"才是企业应该努力的方向，而不是整天研究如何分钱才公平合理，这是舍本逐末。那么芝麻绿豆大的小蛋糕怎么分得好？你把它做大十倍，不就好分了？

所以，与其整天研究如何分钱，如何给员工画饼，不如研究如何把企业的业绩做好。要把企业的业绩做好，应该研究什么？不是分钱，不是激励，而是战略。只有战略正确，且彻底落实，企业的业绩才能不断地上台阶，才有钱给员工提升薪酬待遇。

源头还是战略。

有一次，一个老板问我如何降低员工的流失率。我说你应该先想想如何解决企业发展的问题，解决了这个问题，员工流失率自然会下降。他说，我们这个行业很卷，而且员工的素质也不高，很难有什么大的发展。你看，一个企业的老板有这样的局限性，员工不流失才怪。按照他的逻辑，等于跟员工说：跟着我干是没有什么前途的，但是我还是希望你们一直跟着我干。那员工图啥呢？老板都已经躺平了，要让员工怎么做？

还有人问我，说公司现在销售采用的是提成制，他想改成实力主义的薪酬制度，但是销售已经习惯了提成制，担心员工会有抵制。我说，销售人员内心真正在乎的是提成制吗？不是。他们想要的是高收入，只不过他们误以为只有提成制才能给他们带来高收入。如果企业采用实力主义的薪酬制度，收入比原先能增长50%甚至翻一倍，你看谁还会在乎有没有提成制？

没钱的企业很难有好的薪酬管理，这就是薪酬管理的本质。

取消提成工资会怎么样

鉴于“提成工资”这种薪酬制度所受到的广泛关注度，我再花点时间谈谈这个让很多企业经营者又爱又恨的薪酬制度。本书看到这里，你是不是心里有个疑问：提成工资是否应该取消呢？如果取消，员工的积极性会不会大幅下降呢？首先，我们要明白，提成工资到底发挥了什么作用？我可以很明确地告诉你，提成工资所发挥的主要作用是“保健”，它很难发挥“激励”的作用。我们使用提成工资，是不是希望员工能在提成工资的“激励”下努力把业绩越做越好？但是员工真的能把业绩越做越好吗？相信你在实际工作中已经有了答案。

在市场环境比较好的时候，销售工作是相对容易做的，因为市场需求很旺盛，销售工作开展的难度不高，员工确实能把业绩越做越好。因此你产生了一个错觉，觉得提成工资很有激励效果。其实真相并非如此，提成工资只是起到了“维持员工积极性”的作用，不断提升的业绩主要是市场本身的景气程度所带来的。比如，疫情防控刚解禁的时候，所有人都在抢购感冒药，很多药店的生意一下子增长了数倍，这是销售人员努力的结果吗？显然不是。但是很多销售人员一下子拿了数倍于之前的提成，你觉得这个提成能激励他继续提高业绩吗？当然不可能。所以，当一切恢复平静的时候，感冒药再也无人问津了，药店生意立刻一落千丈，之前发给员工的高额提成此时还能起到什么激励作用吗？可以说一点用也没有了。

你寄希望于提成工资能够激励员工把业绩“越做越好”，除非市场环境一直保持良好，销售工作能够很轻易地见到成果。而一旦市场环境转差，销售工作的难度就会陡增，这个时候销售人员就算再努力也没有用了，因为这个时候销售成功的关键因素就不再是员工的努力程度了，而是员工的能力。只要员工的能力不能提升，业绩就没办法拿回来，什么薪酬制度都没有用。

如果你问我：取消提成工资会不会造成员工积极性的下降？我会肯定地告诉你：如果你只是单纯地取消提成工资，一定会。所以，你不能只是简单地取消提成工资，你必须同时把员工能力提升的系统建立起来。比如，你必须为销售人员提供有效的销售Know-how，加强培训与过程管理，把PDCA循环转动起来。如果还是像使用提成工资的时候那样，采用“放羊式”的管理方式，那大概率会出现比之前更加糟糕的结果。所以，现在明白了吧，你必须改变那种仅仅依靠激励制度来获取业绩的成果主义思想，老老实实地做好Know-how的开发和过程管理，杜绝那种想要“轻轻松松赚大钱”的幻想，这才是你真正需要改变的地方，而不仅仅只是修改或更换薪酬制度那么简单。

取消了提成制度之后，员工还能很好地被激励吗？这一点你完全可以放心。只要你能让员工的能力不断提升，员工就能拿回越来越好的结果。这个时候，真正的“激励因素”就会发挥作用，这就是“内驱力”。而且，当员工能力提升时，他的收入也会相应提高，只不过不是以“提成工资”的形式，而是以“资格工资”或“年终奖金”的形式反映在他的整体收入中。

第十二章

CHAPTER 12

阿米巴经营与股权激励

“阿米巴经营”跟你想的不同

本书写到上一章原本该收尾了，因为整个经营的体系我都讲得比较完整了。但是考虑到很多经营者对“员工激励”这件事依然念念不忘，所以我决定把市面上比较流行的一些“激励工具”给大家剖析一下，帮助大家理解这些“激励工具”背后的底层逻辑。

首先要讲的就是稻盛和夫的阿米巴经营。

很多企业的老板想要导入阿米巴经营，主要是因为稻盛和夫创立了京瓷和KDDI两家世界500强企业，还救活了一家世界500强企业——日航，所以，大家简单地认为，既然稻盛和夫能用阿米巴模式成功地经营三家世界500强企业，那我通过深入学习，也能用阿米巴把自己的企业做大做强。

但是这里大家似乎搞错了一个概念，稻盛和夫只是在京瓷和KDDI这两家企业导入了阿米巴经营，从来没有说过这两家企业是依靠阿米巴经营才取得成功的。大家在这件事情上加入了太多自己的主观想法。就好像华为的股权激励做得不错，但是你真的认为华为就是因为做了股权激励才成功的吗？如果你还不明白，我们换句话说，华为如果不做股权激励，就不能取得成功吗？我相信，听到这句话，绝大多数人都会摇头。

稻盛和夫只用了一年多的时间就让原本陷于破产边缘的日航扭亏为盈。实际上在这一年多的时间里面，稻盛和夫根本没有导入阿米巴经营，而是对航线的数量进行了调整，砍掉了大量亏损的航线，把企业的主要资源投放到少数重点经营的航线上，大幅提高服务的质量和效率，降低了成本。战略的本质就是选择和集中，稻盛和夫挽救日航的核心思路就是在战略上进行调整。

很多企业宣称在导入阿米巴经营之后，业绩增长了多少多少，先不说这样的业绩增长是否真的跟阿米巴经营有关，首先这些企业对阿米巴经营的目的已经产生了错误的理解。

稻盛和夫创立阿米巴经营并不是用来解决企业的业绩增长问题的。或者说得更直白一点：**阿米巴经营并不是提升业绩的工具**。很多人可能觉得难以理解，稻盛和夫不是说得很清楚吗？销售额最大化，经费最小化，这不就是提升业绩的工具吗？

我来给你举个例子吧。很多日本企业会在内部实施一个叫做“全员改善提案活动”的制度。大致的方法就是让员工自下而上地提出改善提案，这些提案里面有些是可以增加销售额的，有些是可以降低成本和费用的，当然还有一些是其他方面，比如提高效率和品质的，等等。很显然，这个“全员改善提案活动”也可以带来销售额或利润的增长，但是你不能把这个制度作为企业业绩增长的主要方式，事实上也几乎没有企业这么做。因为这个制度的主要目的是培养员工的改善意识，提高员工的自主思考能力。换言之，这个制度的主要出发点是为“人”服务，而不是用来解决“业绩”问题的。稻盛和夫的阿米巴经营跟这个“全员改善提案活动”制度的出发点从很大程度上来讲是比较相似的。

阿米巴经营的目的

阿米巴经营大致有以下三个目的：

第一个目的是“确立与市场挂钩的部门核算制度”；

第二个目的是“培养具有经营者意识的人才”；

第三个目的是“实现全体员工共同参与经营”。

——稻盛和夫（日）《阿米巴经营》

稻盛和夫在他写的《阿米巴经营》一书中明确提出了阿米巴经营的三个目的。第一个目的是“确立与市场挂钩部门核算制度”，这个目的阐述了阿米巴经营模式的基本特点，就是通过建立实时核算制度，及时了解经营的变化，直接传递经营动态，以便快速准确地做出应对。第二个目的是“培养具有经营意识的人才”，这个目的讲得很清楚，阿米巴经营是以培养人为目的的。因为企业大了，经营者一个人管不过来，所以需要培养更多的分身人才。当然，在培养人的过程中一定会创造出业绩，但关注点是“人的成长”。第三个目的是“实现全体员工共同参与经营”，让全体员工参与经营首先是化解劳资对立的情绪，同时也是为了让全体员工在工作中感受到人生的意义和成就感，换言之是为了激发员工的“内驱力”。你看，三个目的里没有一个是为了“提高企业业绩”的。

稻盛和夫导入阿米巴经营主就是为了培养人，体现这一点最直接的证据就是他一再强调阿米巴的经营成果不与员工的收入挂钩。很多老板在听说阿米巴的经营成果不与员工收入挂钩时，表现出一副难以理解的模样，还刻意把它曲解为中日企业的文化差异。其实，没有那么难理解，因为你推行阿米巴经营的目的是提高企业业绩，而稻盛和夫推行阿米巴经营主要是想培养员工，你们的目的是完全不同的。

我有个企业客户的老板非常痴迷于阿米巴经营，在企业内部推行阿米巴整整两年，但企业业绩还是停滞不前，甚至有下滑的趋势。我曾经明确跟他讲：阿米巴经营并不是提高企业业绩的工具。他听了非常不理解，跟我据理力争。我说，如果你的想法是正确的，为什么推行了两年还没有见到任何效果呢？他争辩说，主要是因为这两年对于阿米巴组织进行核算的方式有问题，他已经找了更好的咨询公司，要重新调整核算方式。我问他：销售额和利润是谁给的？他先愣了一下，回答：是客户啊。我说，你在企业内部采用什么核算方式，跟客户有什么关系呢？客户会因为你改变了核算方式，就给你下更多的订单吗？听到这话，他完全愣住了，半天说不出话来。这个问题在本书前面部分早已进行了系统的阐述，想要实现业绩增长，必须解决市场端的问题、客户端的问题，这些就是战略要解决的问题。你不在战略上下功夫，不去研究怎么解决客户的问题，整天研究怎么搞核算制度，这不是明显搞错了方向吗？

要解决业绩问题，经营者必须明确战略方针，即便要推行阿米巴经营，也必须围绕战略方针来进行，千万不要把阿米巴经营简单理解为“搞承包”，否则一定会导致企业的“分裂”。

> 阿米巴经营核算管理的周期是以月度为单位，……而这种月度计划的基础就是被称做“Master Plan”的年度计划。
>
> “Master Plan”是基于公司的整体方针和各个事业部的方针与目标，通过反复进行周密的模拟而制定出来的，显示出“领导希望在这一年开展何种经营”的意志。
>
> ……其理由就是如果没有共同的明确目标，员工就会各自为政，无法把成员的力量凝聚在领导所指引的方向上，最终无法实现组织的整体目标。
>
> ——摘录于稻盛和夫（日）所著《阿米巴经营》

看到了吧，“公司的整体方针和各个事业部的方针与目标”显示出“领导希望在这一年开展何种经营的意志”，但是有多少企业的经营者认真彻底地思考过能够确保“打胜仗”的经营方针？更多企业推行阿米巴的主要目的是“老板解放，企业重生”。

“打工者心态”是如何养成的

很多企业对于战略的思考非常欠缺，但是在员工激励这件事上却舍得投入资源和精力。刚开始的时候，大家很重视薪酬激励，慢慢发现，薪酬激励的力度好像还不够，再找找看还有什么能拿出来激励员工的，仔细一想，还有股权，那就再把股权也拿出来激励吧，于是股权激励就开始流行了起来。甚至很多非上市公司，也在推行股权激励甚至全员持股计划等。

很多企业认为，股权激励能让员工产生主人翁意识，摒除打工者心态，对企业产生更强烈的归属感。股权激励真的能产生这些作用吗？我认为要打个问号。你在股市上选择一家企业进行投资，买了他家的股票，你就是这家公司的股东了，而且是法律承认的，可以去参加股东大会的。你会产生主人翁意识吗？你更关心的应该是，这只股票什么时候会涨，有没有利好消息刺激，等等，总之你更关心的是股价。至于到底有没有主人翁意识，我不好直接说死，但我想就算有也起不了多大的作用吧。

至于“打工者心态”这种表述则过于主观抽象，让人不太好理解。为此，我还专门在网上查了一下什么叫做“打工者心态”，大概的意思就是：“我给你打工，你付我工资，工资给得多就多做一点，工资给得少就少做一点。你出一分钱，我做一点工作，多一点工作我不干，多一份责任我不担。”如果这就是“打工者心态”的话，想想看，这样的心态是如何养成的？可以说跟企业“交易”型的薪酬制度密不可分。正是因为企业的薪酬制度传递出“你做了多少事，我付你多少钱；你做了多大贡献，我分你多少钱”这种交易型的价值观，员工才养成了“打工者心态”。想改变员工的“打工者心态”，首先需要老板改变“过分依赖员工拿业绩”的心态。老板必须首先承担起为企业的经营业绩负责的重任。企业如果没有正确的战略方针，经营就会陷入困境，员工无论是什么心态都没用。

“打工者心态”这种表述其实不太友好，容易引起经营者与员工之间的对抗情绪。从员工的角度出发，“打工者心态”有什么不对呢？这就好像古时候皇帝对他的大臣说：你不该只有做臣子的心态。估计大臣听完之后会吓得两腿发软吧。经营者与员工之间本来就存在着雇佣与被雇佣、领导与被领导的关系，员工有“打工者心态”有什么问题呢？难道你希望他把老板取而代之吗？员工不可能替代老板来制定企业的战略方针，过分强调“打工者心态”又有什么意义呢？

企业过分强调“打工者心态”实际上是对企业问题的归因产生了错误，社会上一些咨询机构要负一定的责任，因为它们在这个概念的传播上起到了推波助澜的作用。咨询机构之所以会强调这个概念，是因为这个说法击中了很多老板内心的痛点。员工在工作中躺平，主要原因是缺乏目标和方法，这些都和企业的战略息息相关。老板和员工的定位是客观存在的，就算你让员工分得一些股份，也不可能彻底改变他的“打工者心态”。

“股权激励”是个误解

“股权激励”是一个容易让人产生误解的表达。它到底是怎么“激励”的呢？这里面有两层意思，第一种意思是把股权作为一种“诱饵”奖励给绩效优秀的人，对于被奖励的人来说这是一种激励；第二种意思是获得股权的人会因为股权产生的激励作用而努力工作。在你的心目中，对股权激励的理解是哪一种意思呢？

如果是第一种意思，那我还稍微能理解股权的激励作用，但是这种激励与薪酬激励其实是类似的，激励的效果持续的时间很短，获得奖励的当时的确振奋人心，一旦时间久了，员工就又感到习以为常，这就是为什么不把薪酬、股权这些东西作为激励因素的原因，倒不是说这些东西真的完全没有激励作用，而是这种激励效果真的不好，更符合保健因素的特征。而且，要达到这种激励的目的，还必须有前提条件。就是企业必须有很好的前景，如果企业长期发展停滞，员工看不到未来，这种股权激励也很难达到效果。更何况，很多企业还需要员工自己掏钱来购买股权。所以，企业必须先解决自身的发展问题，考虑股权激励才有价值。

如果是第二种意思，那我就很难理解了。因为持有股权实际上很容易让人产生“搭便车”的心态。换言之，因为我持有公司的股权，所以就取得了分红的资格，也就是说不管我做得好坏，只要公司赚钱了，我都有参与分红的机会。这反而容易让人养成不劳而获的心态。购买股权本质上是一种投资行为，投资从底层逻辑上来看本来就有“钱生钱”的概念，所以持有股权真的能激励员工努力工作吗？你不妨认真思考一下。据我所知，华为早期实施股权激励的主要原因是想通过这种办法进行内部融资，跟我们很多企业想要实施股权激励的出发点完全不同。华为在20世纪90年代的时候，还处在初创时期，企业融资很困难。当时华为有个内部政策：谁能给公司借来1000万元，谁就可以一年不用上班，工资照发。有段时间公司开不出工资，任正非就给员工打欠条，后来干脆直接写欠多少股份。到1997年，华为的注册资本增加到7005万元，增量全部来自员工股份。而且很多老员工因为持股较多，也同样产生了“搭便车”的心理，变得有些惰怠，华为还费了很多精力来解决这些问题。

其实，“股权激励”本质上能起到的作用是很有限的，如果你真的想激励员工，更多的还是要从“内驱力”的角度来思考，那就必须依靠经营者带领员工不断地“打胜仗”，只要员工看到企业发展进入快车道，员工就会有希望，工作自然就会有干劲，谁不想在一家蒸蒸日上的企业工作？

最后，补充一点。“股权激励”也有它的价值。当你想长期绑定一些优秀人才留在企业工作的时候，是可以使用股权激励的，这是我认为股权激励应用最适合的场景。如果你想通过股权激励来改善企业的业绩，劝你还是三思而行。

第十三章

CHAPTER 13

回归经营的原点

跟优秀企业学什么

现在很多企业都热衷于向华为、胖东来这样的优秀企业学习，这本身是一件好事，但是要避免盲目模仿和照搬。我们很多时候学习一家企业，是因为这家企业做得很成功，我们自然认为这家企业的一切都是值得学习的。但是企业的成功主要是因为做对了一件事，这件事抓住了主要矛盾，符合客观规律，企业就成功了。所以，如果要向优秀企业学习，必须能够识别真正应该学习的东西是什么，而不是看到优秀企业做什么，我们就盲目跟风模仿，这样很容易变成东施效颦。

战略对于企业来说是最为关键和重要的要素，企业的成功通常都来自战略上的成功。所以，我认为最应该向优秀企业学习的是它们如何进行战略的选择，应该从原理原则的角度去理解和认知，这样才能透过现象看到本质，而不是简单地模仿它们的表面做法。在这里，我总结三点供你参考。

第一，以顾客为中心。华为曾经明确提出“以客户为中心”的理念，这一点很多人都知道。这里我重点说说胖东来是如何做到“以顾客为中心”的。很多人以为胖东来为顾客提供无微不至的服务就是“以顾客为中心”的主要体现，当然这的确是很重要的一方面。但是，更重要的是，胖东来将这样的思维体现在战略上。胖东来本来只是一个零售商，按照传统的思路，零售商只是一个销售渠道，只是负责将厂家的产品进行终端陈列，并销售给最终顾客。如果所有的零售商都这么做，那就变得完全同质化。事实上，绝大多数没落的线下零售超市都是这个思维，当顾客走进这些超市的时候，发现毫无购物的欲望，因为都是千篇一律的商品。所以，这些超市没落的原因，在于它们没有“以顾客为中心”，因为顾客到这些超市购物的时候根本找不到自己想要的商品。胖东来是怎么做的呢？其他零售超市都是厂家有什么商品，它们就卖什么商品。超市更熟悉厂家和商品，对顾客却不甚了解。胖东来的做法是完全反向的。它首先研究顾客想要什么样的商品，把顾客的需求先研究透了，然后再去找供应商开发对应的商品。这样就确保了货架上陈列的商品绝大多数都是顾客喜爱的，顾客走进这样的超市，自然就会产生极大的购物欲望。与胖东来类似，山姆会员店也是“以顾客为中心”的战略思维，同样门庭若市。当你走进山姆会员店，你发现绝大多数商品在外面都是买不到或很难买到的，这就使山姆会员店摆脱了同质化的竞争。

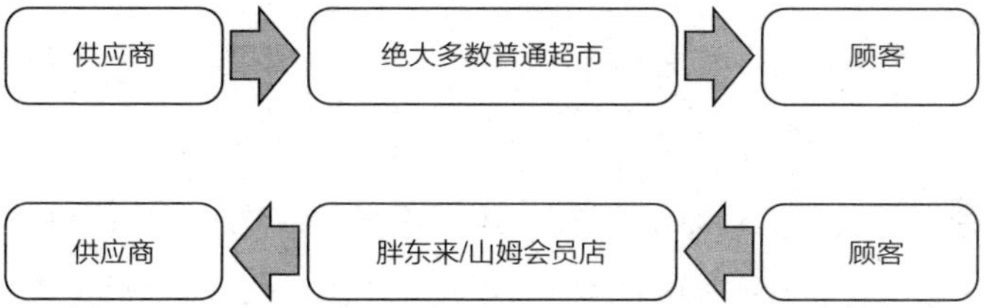

以“顾客为中心”来思考企业的战略，对于其他企业的参考价值在哪里呢？你有没有发现，绝大多数企业在进行战略思考的时候，主要出发点并不是“以顾客为中心”，而是“以机会为中心”，它们更多的是去看哪里有业绩增长的机会，而不是研究顾客的问题和需求。这些企业的战略展开大多是以捕捉市场机会为目的和导向的。这样的做法，从本质上跟那些没落的零售超市是一样的思路。正因为如此，很多企业陷入了商品同质化的泥潭，并在无休止的内卷中不断消耗自身的能量。

第二，先做深度，再做广度。我们经常说，要把企业“做大做强”。

但实际上，“做大”和“做强”就是两个不同的战略选择。企业如果想“做大”，就会四处寻找市场机会，涉入越来越多的领域，追求企业规模的快速扩张。但是一旦这样做了，企业的资源势必分散，不利于选择与集中，企业的发展反而有可能越来越慢。这样的企业，就算真的做大了，竞争力也不强，很难抵御市场风险或政策风险，典型的企业如恒大。华为和胖东来有个很相似的地方，就是都特别“强”，而且它们是先做“强”，然后自然变“大”了。华为是先把面向电信运营商的电信设备业务做到了国内一流水平，在国外也处于快速上升期且具备一定的竞争力，才逐步发展C端的手机业务。胖东来则更加聚焦，2024年其销售额接近170亿元人民币，总共才13家门店，而且有10家都集中在许昌这一个地方。据说像沃尔玛这样的外资零售巨头早就想进入许昌，但因为胖东来的存在最终选择了放弃，这体现出胖东来超强的竞争力。

绝大多数企业在进行战略思考时都是以“做大规模”为出发点的，很多企业销售额也就一两亿元，但是却开发了三四个甚至五六个事业，经营者在制定战略规划时往往希望所有事业齐头并进发展，但是从我的个人经验上来看，这种想法几乎不可能实现。正确的做法应该向华为或胖东来那样，先把一个核心事业做出深度，构筑起核心竞争力，然后再基于这样的核心竞争力获取更多更大的机会。经营者要深刻认识到一个问题，绝大多数行业当下都面临着激烈的竞争，想要在竞争中获胜，单靠强调员工努力是远远不够的，必须靠企业在战略上进行饱和式投入，否则就会在竞争中落败。如果企业把摊子铺得太大，会造成在每个事业上投入都不足，最终陷入发展瓶颈。

第三，考核、薪酬等激励制度对企业业绩的影响非常有限，真正决定企业业绩的是战略。华为和胖东来的激励制度具有完全不同的价值观导向，具体的制度内容也有巨大的差异。如果你问我应该学习哪一个，我只能告诉你，无论学哪一个，都不可能达到目的。非但如此，如果照搬这些企业的做法，还有可能对你的企业造成伤害。华为和胖东来的成功都源自战略上的成功，在于它们成功地解决了顾客端或市场端的问题，而不在于员工激励。相反，正是因为它们有效地解决了顾客端和市场端的问题，极大地提升了业绩，所以才能不约而同地在员工激励方面采用了高薪政策，为企业吸引和留住人才提供条件，大量人才储备又进一步促进了战略的高效执行，形成一种良性循环。

使命和愿景

在企业制定战略之前，需要明确企业的使命和愿景。很多企业通常认为使命和愿景都是一些空洞的、没有实际意义的东西。其实并非如此，而是你的思考角度有问题。如前所述，当企业在进行战略选择的时候，会存在两种出发点，一种是从机会出发，寻找各种市场机会扩大企业规模，做一个“市场机会主义者”；另一种是从顾客出发，研究顾客还没有被满足的需求，做“顾客问题解决专家”。如果是前者，你就很难明确企业的使命。因为使命通常是付出的、利他的，但是“市场机会主义者”的出发点显然主要是利己的。相反，如果是从“顾客问题解决专家”的定位来看，明确使命就并非一件很困难的事情。比如，优衣库的使命是“通过提供高品质、时尚且价格合理的休闲服装，让所有人都能享受到优质的生活体验。”从现实中来看，优衣库的确就是这么做的。与山姆会员店类似的仓储式零售超市开市客（Costo）的使命是“为会员提供合理的价格和良好的商品及服务”。这个使命说明它只服务于会员顾客，且提供的是质优价廉的商品和服务。再比如，阿里巴巴的使命是“让天下没有难做的生意”。这个使命描述得非常好，清晰地说明要为顾客解决什么问题。因为在此之前，普通人要做点生意还是比较困难的。“让天下没有难做的生意”，解决了顾客还未被满足的需求。以上这些都是从解决顾客问题的角度出发提炼出使命的典型案例。

假如你是一家生产和销售食品的企业，如果你只是想把自己的食品卖到全国各地，甚至卖到全世界去，那就是“从机会出发”的视角，在这个视角你很难找到企业的使命。但是如果你进一步思考，顾客购买食品之后是否存在其他还未被满足的需求时，你可能会发现，顾客还存在安全、美味、新鲜、健康、方便，甚至时尚等多方面需求，如果你能从众多需求中找到企业的定位，那么企业的使命也就呼之欲出了。例如，“为全球消费者提供最新鲜美味的 × × 食品”。当然，企业还可以将“顾客问题解决专家”的视角进一步升华为“社会问题解决专家”，从解决社会问题的角度来描述企业的使命。比如京瓷的使命是“为人类社会的进步与发展”做出贡献。这一使命体现了京瓷致力于通过技术创新和社会责任来推动社会的整体进步。

使命描述的是企业存在的价值和责任，而愿景描绘的则是企业未来的理想蓝图。如果企业的使命定义清楚了，那么愿景只需要把未来一段时间需要达到的理想状态描述出来即可，这个“未来一段时间”由企业自己定义，可以是5年、10年、20年、30年，都行。比如，LG电子的愿景是“在21世纪成为数字领域的全球领袖”，迪斯尼的愿景是“成为全球化的超级娱乐公司”。

从未来倒推现在

有了使命和愿景，才能倒逼企业通过战略进行创新。没有使命和愿景的企业，战略就会迷失方向，成为纯粹的“机会主义者”。我见过很多中小企业经营者，由于没有使命愿景，对战略也完全没有概念。他们关心的只是企业中存在的一些琐碎问题，比如怎么发奖金更公平，员工抱怨工作强度大怎么办，等等。站在当下来看，这些问题未必有很好的解决方案，因为这些问题的产生从根源上看都来自资源不足。企业的很多问题其实都要在发展中才能彻底解决。还是那句话，“业绩治百病”、“发展治百病”，经营者必须回到对战略的思考中来，才能跳出问题的迷雾，抓住企业的主要矛盾。

使命解决的是“该不该”的问题，愿景解决的是“想不想”的问题，而战略解决的“要不要”的问题，年度计划解决的则是“能不能”的问题。如果企业没有使命、愿景，也就是说没有考虑过“该不该”和“想不想”的问题，就很容易造成战略的缺失、目光短浅，只顾埋头拉车，最终路越走越窄。如果企业没有战略，只有年度计划，也就是说没有考虑过“要不要”的问题，就直接进入到“能不能”的问题思考，那这样的企业眼睛里看到的全是障碍，会找出100个理由来证明“不能”，最后就会制定出较低的年度目标。低目标只会让企业在过去的延长线上发展，无法通过创新实现蜕变。中国有80%的企业没有使命、愿景和战略，只有年度计划，所以绝大部分企业没有创新力，只是随波逐流，最终被市场的洪流淹没。

战略的思考方式是基于未来倒推现在，只有这样，才能拉动企业的竞争力提升和员工的能力成长。举个例子，假如你是一名普通医生，长期在广州坐诊，以你现在的能力只能看看感冒发烧这样的普通疾病。对于你的战略思考，有这么几种发展途径：第一，为了拓宽顾客来源，你不能只在广州坐诊，还应该走出去，比如去隔壁的佛山、东莞和深圳，给当地的更多病人看病。第二，如果只是看感冒发烧，业务面有点太窄了，于是你决定拓宽业务线，除了感冒发烧之外，还要看腹痛腹泻等疾病，这样你就能给更多的病人看病了。前面这两种思路，就是我们很多企业在进行战略思考的时候最常见的思路。这种思考方式，主要是从“抓机会”的角度出发，通过增加区域的广度和业务线的宽度来实现收入的提高，这是一种典型的做“大”的思维方式。上述两种思路，短期可能比较容易切入，但是从长期来看，极有可能陷入新的瓶颈。因为无论到新的区域，还是开展新的业务，都面临着大量的竞争，你凭什么确保自己在竞争中获胜呢？极有可能陷入无休止的价格竞争中。

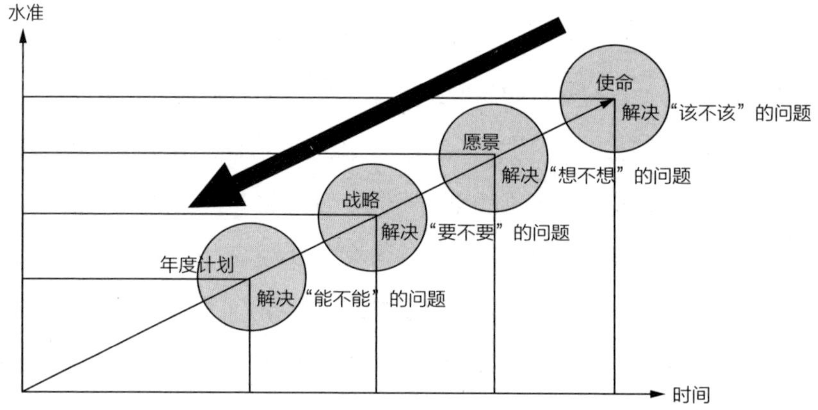

战略的本质是构建自己的竞争力。如果没有竞争力的强化，企业的发展迟早会陷入瓶颈。如何构建企业的竞争力？那就不能从机会出发，而要从顾客的需求出发，如果你能比竞争对手更好地满足顾客的需求，你就能在竞争中获胜。这个社会可能不需要更多的会治疗感冒发烧、腹痛腹泻的医生，这样的医生到处都是，而是更需要能够治疗各种疑难杂症的医生，可惜这样的医生太少太少了。如果你把“帮助更多患疑难杂症的病人恢复健康”作为自己的使命，那战略的思考就完全不同了。就好像这个社会不需要更多的普通超市，但是需要更多像胖东来、山姆会员店这样的能给顾客带来更优质商品和更好购物体验的超市。但这样的超市也太少太少了。

可能你会说：“我不会治疗疑难杂症啊，这对于我来说太难了。”这就是“基于当下思考未来”的思维方式，如果这样想，那你什么也做不成。你想想，华为在创业初期有什么核心技术？能想象到今天拥有的技术实力吗？只要你明确了使命、愿景和战略，你就会朝着这个方向持续努力，不断地推动PDCA循环，很快就会沉淀出相应的Know-how。当然，如果想加快这一进程，你需要足够聚焦，比如，刚开始不可能什么疑难杂症都研究，可以聚焦一两种具体的疑难杂症上，逐个击破。如果你逐渐具备了治疗疑难杂症的能力，就摆脱了同质化的竞争，因为能治疗疑难杂症的医生很少，很快附近的人都会知道你的能力，找你看病的人就会越来越多，你的品牌影响力也会大幅提升。你不仅不需要参与价格竞争和内卷，甚至还能适当涨价，于是收入和利润水平都能大幅增长。有了这样的基础和实力，你再去开拓新的区域或扩宽业务线就会变得更加容易。这就是你的第三条路。前两条路看似容易切入，但是很容易陷入同质化竞争，路越走越窄，越走越艰难。而第三条路看似很难，不可触及，但是只要规划好路径，坚定地走下去，持续投入资源和精力，就能不断提高市场竞争力，路会越走越宽。

战略就是要做看上去很难，但对顾客非常有价值的事情。很多经营者抱怨企业没有人才，但是你要想想，如果员工整天都在处理类似“感冒发烧”的工作，他们的能力如何才能提升？员工的成长需要课题，需要“疑难杂症”。但是如果企业不去做难的事情，员工就找不到课题，整天做着小修小补的事情，能力怎么可能提高？

经营就像扣纽扣

本书写到这里，就要结束了。我用一段话来对本书的内容做个总结吧。

不要总想用物质利益来刺激员工提高业绩，这种做法不会成功；相反，还会造成很多副作用。无论是考核、薪酬还是其他任何有关员工激励的制度，对企业业绩的影响其实都是极其有限的。**企业的业绩是由战略来保证的，不是由员工来保证的。员工的职责是把战略执行好**。如果企业的战略出了问题，员工再努力都没有太大的意义，企业的业绩增长很可能会陷入瓶颈，甚至出现倒退。从微观上来看，员工之所以能在具体的战斗中取得成果，是由Know-how来保证的，而Know-how是通过企业投入大量资源，在一个确定的方向上不断地进行PDCA循环而沉淀下来的。靠员工自己开悟来产生Know-how是不可行的。员工的成长也是被企业的战略所带动起来的，也就是“一边打胜仗一边积累Know-how”。所以，战略不清晰或战略出现问题的企业，员工的能力成长也会变得非常缓慢。当然，更重要的是，这样的企业业绩大概率会出问题，即便暂时没有（有可能尚处于红利期），最终也一定会出问题。没有业绩保障的企业很难给员工提供高收入，这样就难以吸引和留住优秀的人才，让企业的前景变得更加暗淡。所以，战略是企业经营的核心工作，经营者必须充分意识到这一点，不要认为制定战略是一件很简单的事情，仅凭自己的经验和直觉就能做出判断。可以这么说，**企业没有别的问题，只有战略问题。企业产生的绝大多数问题如果追根溯源，最终都可以归结到战略上**。因此，所有的工作都要围绕着战略来开展。但战略成功的源头是使命愿景，是经营理念，如果源头出了偏差，战略就会导向失败。所以，企业经营的很多问题并不是孤立存在的，而是一环扣一环的。经营就像扣纽扣，如果第一颗纽扣扣错了，后面所有的纽扣都会扣错。这个时候，你想调整其中任意一颗纽扣，意义是不大的，因为其他纽扣还是错位的，整件衣服看上去依然很别扭，除非先纠正第一颗纽扣。但前提是，你必须清楚地知道谁才是第一颗纽扣。

当下的社会显得有些浮躁，想要快速做“大”的企业很多，但是这样的企业往往根基不牢，没有建立起足够的市场竞争力，要么烧钱如麻，要么昙花一现，更有许多中小企业“心有余而力不足”。我认为，企业经营应该回归初心，从“利他”的角度来重新思考。企业必须先考虑做“强”，要做“强”，就必须聚焦，只有聚焦了才能做出深度，才能做出差异化的竞争力。企业变“强”了，才能做得足够“久”，才能持续积累和沉淀，这样下去，变“大”就是自然而然的事情。为此，企业的经营系统应当以“实力主义”替代“成果主义”，因为想获得经营结果，必须要在“因”上努力，能力（实力）就是业绩的“因”。什么是“实力主义”？即企业经营必须围绕“如何提高市场竞争力”和“如何提高员工能力”来构建，这两者是有机统一的。

有实力的企业才能做得“久”，希望看完本书的经营者能用“实力主义”把企业做100年。